本书受教育部人文社会科学研究青年基金项目"任免机制、独立性与竞争：我国独立董事监督机制设计的实验研究"（项目批准号：11YJCZH040）资助

产业组织与竞争政策前沿研究丛书

中国独立董事监督机制设计的实验研究

Zhongguo Duli Dongshi Jiandu Jizhi
Sheji De Shiyan Yanjiu

高 玥 著

中国社会科学出版社

图书在版编目（CIP）数据

中国独立董事监督机制设计的实验研究/高玥著.—北京：
中国社会科学出版社，2015.4
（产业组织与竞争政策前沿研究丛书）
ISBN 978 - 7 - 5161 - 5954 - 5

Ⅰ.①中…　Ⅱ.①高…　Ⅲ.①股份有限公司—企业管理—
监督—研究—中国　Ⅳ.①F279.246

中国版本图书馆 CIP 数据核字（2015）第 075082 号

出 版 人	赵剑英	
责任编辑	卢小生	
特约编辑	李舒亚	
责任校对	周晓东	
责任印制	王　超	

出　　版	中国社会科学出版社	
社　　址	北京鼓楼西大街甲 158 号	
邮　　编	100720	
网　　址	http：//www.csspw.cn	
发 行 部	010 - 84083685	
门 市 部	010 - 84029450	
经　　销	新华书店及其他书店	
印　　刷	北京市大兴区新魏印刷厂	
装　　订	廊坊市广阳区广增装订厂	
版　　次	2015 年 4 月第 1 版	
印　　次	2015 年 4 月第 1 次印刷	
开　　本	710×1000　1/16	
印　　张	11.5	
插　　页	2	
字　　数	183 千字	
定　　价	45.00 元	

前　言

　　独立董事制度是保证公司内部有效治理的核心机制之一。实践表明，独立董事为董事会决策提供专业意见的职能是有效的，然而，目前中国上市公司独立董事的提名、罢免和继任都受公司大股东或总经理控制，致使独立董事的实质独立性无法保证，进而导致独立董事的监督作用弱化。事实已经证明，独立董事任免及其他相关机制设计的优劣是影响独立董事监督作用以及提升上市公司治理水平的一个重要因素。

　　深入研究任免机制、独立性与竞争机制对中国独立董事监督作用的影响机理是提出独立董事机制改革方案和建议的前提和基础。现实中，很多独立董事与公司大股东之间存在着隐性的私人关系，这种关系较难通过公司公开数据识别。这种形式独立导致独立董事监督作用弱化，这也是利用公开数据进行公司绩效与董事会名义独立性指标相关分析得不出一致结论的重要原因之一。实验方法能够控制一些实践中不可控制的因素，并且可以检验政策实施的预期效果。因此，本书采用实验方法，在控制声誉和其他次要影响因素条件下，通过组别关系识别实质独立或形式独立的情形，对独立董事机制如何影响中国独立董事监督作用进行检验和分析，为独立董事监督机制设计及改革提供依据。

　　通过理论分析和实验检验，本书发现，排除其他因素影响，"实质独立"通过基于公平考虑的第三方惩罚偏好激励以保证独立董事实施有效监督；首次提名方式、组别、罢免方式和竞聘机制对独立董事的监督作用影响都是重要的。大股东独享对独立董事提名权和罢免权以及形式独立都会显著地挤出独立董事基于利他惩罚偏好的积极监督行为。中小股东独占提名权只能减弱并不能完全消除形式独立对监督作用产生的负面影响。解任方式是一个更强的影响因素，当小股东同时拥有对独立董事的提名权和解任权时，即使独立董事与内部人组别关系存在，这时组别关系的消极作用可以被降到最低。内部人独占对独立董事提名权时，竞争机制不能促进独立董事积极监督；相反会带来危害。虽然从平均水平来看，任免机制对男性与女性监督作用的影响不存在性别差异。但是，如果独立董事任免相关机制设计不当，女性实施消极监督的比例会更高。而在任免机制及其他辅助机制设计合理情况下，女性独立董事中实施有效监督的比例显著高于男性。

这些发现对独立董事机制改革的意义在于，进一步提高中小股东提名权的改革固然重要，但是罢免方式的设计应该是任免机制改革的重点。竞聘机制与外部机制需在独立董事的提名与解任（罢免）机制改革基础上实施才能起到积极作用。改进提名委员会的独立性是提高中国上市公司董事会实质独立性的重要途径之一，此外，还可以通过任免机制设计减弱形式独立对监督产生的消极影响。董事会中增加女性董事和独立董事的政策建议，也应该以先行改革任免机制为前提。

本书分为八个部分。第一部分是导论。第二部分在文献回顾和相关理论研究基础上，归纳独立董事监督的理论基础，并建立本研究的独立董事监督博弈模型。第三部分对任免机制如何影响中国独立董事的监督作用进行理论分析和模型构建。第四部分和第五部分通过两个实验对理论分析部分提出的假设进行检验。第六部分检验了任免机制对独立董事监督作用的影响是否存在性别差异。第七部分通过后续实验对整个实验设计和之前实验的效度进行检验。最后一部分概括了本书的结论，并对如何改进中国独立董事任免机制提出了建议和对策。

本书的理论价值及创新之处如下：

首先，本书提出了一种新的观点，即社会偏好理论也是独立董事监督的理论基础，利他惩罚偏好是实质独立条件下中国独立董事监督的内在激励，组别因素是形式独立削弱监督作用的深层原因。本书在 Fehr 和 Fischbacher（2004）第三方惩罚博弈模型基础上提出独立董事监督博弈模型，较好地刻画了中国上市公司内部人、中小股东和独立董事的关系。其次，在社会偏好理论、社会同一性理论、前景理论和竞争理论基础上，阐述了任免机制通过利他、互惠、组别、损失规避及竞争因素对中国独立董事监督作用产生影响的深层机理。同时，通过社会偏好模型对博弈均衡解进行推导和求解，并创新性地构建了一个以外部机制作为外生变量，任免机制作为监督的主要影响因素，独立性作为基础影响因素的三层次理论模型，扩展了任免机制对监督作用影响的微观理论基础文献。最后，鉴于实证方法无法完美识别实质独立与形式独立，也无法比较现行机制与未施行机制的影响效果，因此，采用实验方法对任免机制如何影响中国独立董事监督作用进行研究是本书方法上的创新。

目　录

表 目 录

图 目 录

第一章 导　论

第一节　研究背景与研究意义

一　问题的提出

独立董事制度是保证公司内部治理有效的核心机制之一，然而，实践中，尽管独立董事能够通过提供专业知识以对董事会决策过程产生积极的影响，但是，由于现有相关机制（如任免机制）的设计缺乏对独立董事监督动机的清晰认识，致使独立董事不能真正发挥其监督作用（刘浩等，2012；Mace，1986；Kesner et al.，1986；Wade et al.，1990；Jensen，1993）。

在中国资本市场，广大中小股东投资回报不足的普遍情况表明，独立董事在监督上市公司利润分配过程中并未起到实质性作用。此外，上市公司大股东侵害中小股东利益的一些案例也表明，独立董事的监督职能还有待改进。理论上，由股东任命董事，然而实践中，作为监督者的独立董事通常由作为被监督者的大股东或总经理提名及罢免。因此，目前独立董事的任免方式与其监督内部控制人的职能之间存在"利益冲突"。

2001 年 8 月 21 日，中国证监会正式发布《关于在上市公司建立独立董事制度的指导意见》，标志着独立董事制度在中国正式建立。总体上，独立董事制度的引入对中国上市公司治理水平的提高起到了积极作用。例如，李维安和谢永珍（2005）对中国上市公司独立董事治理质量的评价显示，截至 2005 年，中国上市公司独立董事平均指数为 53.23，得分最高的上市公司为 85，表明中国上市公司独立董事制度建设从无到有，取得了一定的成绩。① 实践中，中国海洋石油有限公司及广州白云山制药股份有限公司都公开表达过，聘请独立董事后，对企业帮助很大，如重大决策有了更多的讨论，并且企业决策有了监督，减少了失误。

尽管独立董事制度在中国逐步完善，然而，对独立董事机制的进一步深入研究仍然意义重大。2012 年上市公司"重庆啤酒"的中小股东对罢免董事长的提议虽然未能实现，但这一事件再次凸显了中国上市公司对中小股东投资回报方面存在的问题及中小股东对董事任免权力的有限影响。针对小股东分红回报不足的现状，中国证监会已经开始着手推动分红政策的合理化。但是，无论是大股东恶意侵占小股东利益，还是上市公司对投资者分红回报不足的问题，不仅需要法律制度的完善这一前提条件，还需要保证独立董事在监督公司利益分配过程中发挥自身职责和作用。因此，在当前中国上市公司治理现状背景下，通过探索外部机制和内部行为偏好对独立董事监督动机及行为影响的科学规律，本研究结果将有利于改进和提升中国上市公司的公司治理水平。

对中国上市公司而言，独立董事制度进一步发展面临很多问题。其中首要的是，独立董事不独立，其监督职能的发挥受到限制。唐清泉和张迪（2005）通过问卷调查分析发现，独立性是影响中国独立董事制度有效发挥作用的重要因素之一。② 支晓强和童盼（2005）研究结果表明，独立董事"懂事"，但不够独立。独立董事缺乏实质独立性是当前中国独立董事制度未能发挥实质性作用的关键原因。③ 近年来，一些侵害上市公司和全体股东尤其是中小股东利益的恶性事件时有发生。例如，ST 大唐电信在年报中虚增利润、关联交易信息披露不实、进行巨额违规担保以及在 3G和重组问题上多次公开欺瞒小股东等，而该公司独立董事在此过程中没能发挥监督作用，促使小股东曾试图通过推举独立董事候选人来维护自身权益。类似的，科龙电器事件中，三名独立董事在中国证监会立案调查后，才以他们的工作受到限制而未能满意地履行独立董事职责为理由辞职。那么，独立董事的监督质量受到妥协的根本原因是什么呢?

---

① 李维安、谢永珍:《独董制度效果初现》,《中国证券报》2005 年 6 月 22 日第 A14 版。
② 唐清泉、张迪:《独立性与报酬、知识与信息,谁更重要——基于独立董事监督职能的问卷调查》,《当代经济管理》2005 年第 6 期。
③ 支晓强、童盼:《盈余管理、控制权转移与独立董事变更——兼论独立董事治理作用的发挥》,《管理世界》2005 年第 11 期。

"利益冲突"是原因之一。在法律程序上,要担任上市公司的独立董事,首先要有独立董事任职资格,其次经过上市公司提名,再经过股东大会表决通过正式得到聘任。但上市公司在对独立董事候选人提名时,大多数公司仅向公司外部人提供候选人的简介,而不披露提名人及提名原因。Vafeas(1999)指出,尽管在理论上,董事应该由股东任命,然而,在实践中,股东只是单纯地批准董事会挑选出的董事候选人。[①] 尽管 Fama(1980)、Fama 和 Jensen(1983)认为独立董事有建立"专家监督者"声誉的激励[②][③],然而,Hermalin 和 Weisbach(2003)认为,独立董事监督内部人的激励是不明确的,因为,对独立董事来说,目前的独立董事任免机制下不干涉内部人的决策、不给 CEO 制造麻烦的声誉也是具有很大潜在价值的。[④] 由于董事尤其是独立董事任命的优劣决定了独立董事的监督质量进而决定了董事会监督的有效性,因此,当拥有控制权的管理者或是大股东董事对独立董事的任免起决定作用时,独立董事个体独立性与整体独立性则受到影响,导致董事会控制职能弱化。例如,美国安然与世通等公司中独立董事均占董事会多数席位(见表 1 - 1),以安然为例,公司17 名董事会成员中有 15 名为独立董事,然而,独立董事并未有效遏制管理层的欺诈行为,最终致使公司破产,投资者、供应商以及该公司员工成为最大受害者。在中国,目前上市公司的独立董事大多是由大股东提名以及罢免。身为上市公司"电广传媒"独立董事的李肃曾表示,在这种任免机制情况下发表独立意见时,不可能完全不看大股东"脸色"。在科龙事件中,率先对"科龙"独立董事发难的严义明指出,一些行使职权的上市公司独立董事被大股东免去职务,而更多的独立董事则未能完全发挥其职能,坐壁上观,难副其名,甚至个别独立董事中饱私囊直接侵害上市公司利益。

---

① Vafeas Nikos, "The Nature of Board Nominating Committees and Their Role in Corporate Governance". *Journal of Business Finance & Accounting*, Vol. 26, No. 1 - 2, January/March 1999, p. 199.

② Fama Eugene, "Agency Problems and the Theory of the Firm". *The Journal of Political Economy*, Vol. 88, No. 2, April 1980, p. 297.

③ Fama, E., Jensen, M., "Separation of Ownership and Control". *Journal of Law and Economics*, Vol. 26, No. 2, June 1983, p. 302.

④ Hermalin Benjamin and Michael S. Weisbach, "Boards of Directors as an Endogenously Determined Institution: A Survey of the Economic Literature". *Economic Policy Review*, Vol. 9, No. 4, April 2003, p. 7.

表 1 – 1　　　　　　　　**安然等公司财务舞弊金额与独立董事人数**

公司名称（事务所名称）	舞弊种类及金额	独立董事人数/董事会人数
Enron（AA）	虚增利润 6 亿美元，隐瞒负债 30 多亿美元	15/17
WorldCom（AA）	虚增利润 93 亿美元	9/11
Xerox（KPMG）	虚增利润 15 亿美元	7/9
Rite Aid（KPMG）	虚增利润 22 亿美元	7/9

资料来源：根据网络数据整理。

　　因此，可以发现，任免机制是影响中国独立董事监督作用发挥的重要因素。然而，据笔者最大可能的文献搜索，任免机制与独立性以及竞争机制如何作用，这些因素如何影响独立董事监督作用的机理还不是十分清楚。因此，本书试图解决这一问题。

　　二　中国独立董事任免机制研究的现实背景

　　中国上市公司正历经从行政型治理向经济型治理的转变，以下现实背景凸显独立董事任免机制研究的必要性。

　　（一）大股东掠夺与小股东信任缺乏

　　剥夺行为又称掏空行为（tunneling），已成为中国近年来资本市场上普遍存在的一种丑闻类型，引起理论界与证券监管部门的高度关注。[①] 大股东对中小股东的侵害行为不断发生，并已成为阻碍中国股票市场健康发展及在国民经济中发挥其应有作用的一个难点和焦点问题（李学峰，2004）。[②] 学者们通过实证研究对"掏空"行为进行了深入分析。张祥建和郭岚（2007）的实证研究表明，大股东通过盈余管理实现了对小股东财富的掠夺效应。[③] 饶育蕾等（2008）运用事件研究法进行实证检验，发现过度担保样本组累计超额收益率显著为负，而适度担保组的市场反应为

---

　　① 王斌、何林渠：《股股东性质差异与剥夺行为——基于中国资本市场的实证检验》，《经济与管理研究》2008 年第 3 期。

　　② 李学峰：《大股东票权非完备性与其对中小股东的侵害》，《南开经济研究》2004 年第 4 期。

　　③ 饶育蕾等：《股权比例，过度担保和隐蔽掏空——来自中国上市公司对子公司担保的证据》，《南开管理评论》2008 年第 11 期。

正但不显著，由此推测过度担保的上市公司具有向控股股东输送利益的倾向。[①] 张光荣和曾勇（2006）通过托普软件案例分析发现，支撑行为（propping）和隧道行为（tunneling）是大股东为获得自身利益最大化而采取的方向不同的利益转移行为，支持行为的目的在于提高上市公司的业绩指标，而隧道行为的目标则是实际资源向大股东转移，通常不影响当期业绩，但对公司价值和小股东利益造成长期损害。[②] 上述研究提供了中国上市公司掏空行为的实证证据。掏空行为，误导外部投资者的决策，造成上市公司资本配置效率、公司价值、声誉和后续融资能力的下降。从短期和长期来看，都严重损害了公司及中小投资者的利益，也是导致中国投资者投资信任缺乏的原因之一。

相对于发达资本市场，中国资本市场中真正的投资者比例很小。Wang、Shi 和 Fan（2006）的调查研究表明，中国股市的中小投资者存在着投机倾向。[③] 导致中国股市投资者投机倾向的原因很多，如中国上市公司股票的 IPO 定价机制，法律对中小投资者的保护程度，上市公司对股东回报状况，投资者的社会信任程度。此外，影响投资者信任的另外一个重要的因素是中国上市公司的公司治理水平。借鉴国外公司治理的成功经验，中国上市公司经过短短十几年的发展，公司治理水平已经达到一定高度，除公司社会责任类指标，大部分治理信息披露指标都与国外公司无显著差异。[④] 虽然表面上，中国上市公司治理水平已达到一定高度，但是，实际治理水平与披露水平还有显著差异，例如，董事会名义独立性指标与实质独立程度之间还有差距，这表明，直接将国外适用的治理机制移植到中国特有的制度环境背景下的公司中，可能导致其作用不能充分发挥。而实质独立重于形式独立[⑤]，应该在借鉴国外成功经验的同时，设计针对中国目前特有情况的相应机制。

① 张祥建、郭岚：《盈余管理与控制性大股东的"隧道行为"——来自配股公司的证据》，《南开经济研究》2007 年第 6 期。

② 张光荣等：《大股东的支撑行为与隧道行为——基于托普软件的案例研究》，《管理世界》2006 年第 8 期。

③ Wang Xiao Lu, Shi Kan and Fan Hong Xia, "Psychological Mechanisms of Investors in Chinese Stock Markets". *Journal of Economic Psychology*, Vol. 27, No. 6, December 2006, p. 762.

④ 具体见联合国贸发会议（UNCTAD）和南开大学公司治理中心合作的《中国上市公司公司治理信息披露报告》（2007）。

⑤ 李维安：《公司治理学》，高等教育出版社 2005 年版，第 119 页。

(二) 独立董事相关法律制度亟待完善

中国现行独立董事制度存在的问题部分与相关法律制度不完善有关。上市公司中，独立董事的职责要求其对公司和所有股东负责，然而，中国关于独立董事提名的相关法律规定不利于小股东代表推选独立董事。两个阻碍分别是，按照中国现行《公司法》规定，单独或者合计持有公司10%以上股份的股东请求时，公司才会在两个月内召开临时股东大会；单独或者合计持有公司3%以上股份的股东，可以向股东大会提出包括选举董事、监事等提案。在这种情况下，独立董事的任免受到被监督者即大股东董事或总经理的控制。唐清泉和罗党论（2006）的调查研究也显示，现行法律制度是影响独立董事职能有效发挥的更重要因素（调查中51%的独立董事选择了这一选项）。他们认为，其原因可能是独立董事在中国的历史较短，很多方面的制度建设还没完善，比如，中国《公司法》没有关于独立董事方面的规定，证监会以部门规章形式出台指导意见，其执行力度还受到很多限制。[1]

(三) 独立董事的激励与约束机制不健全

南开大学公司治理评价课题组（2007）的研究显示，作为公司治理核心的董事会，治理质量提高的空间还很大，董事会次级委员会建设以及董事的激励等方面还有诸多问题需要进一步改善。由于中国资本市场发展历史相对较短，因此相关的配套机制还处于发展阶段。很多国内学者都曾提到，加快高级管理者人才市场发展是完善中国独立董事制度的一个关键因素。尽管深圳证券交易所最近设立的独立董事信息库（包括拟聘独立董事公示和独立董事人才库）是一个可喜的进步。然而，宋增基、宁家耀和张宗益（2008）的研究结果表明，董事会行为与其独立性密切相关，独立性越强的董事会导致较高强度的董事会行为，而外部董事的声誉激励制度的作用还有待进一步加强。[2] 陈艳（2008）考察了中国独立董事声誉市场的作用，发现独立董事所任职的上市公司业绩增长会使独立董事未来获得新职位的可能性增加，上市公司发生违规丑闻会使独立董事将来获得新职位的可能性减少，这说明目前声誉机制能够对独立董事产生一定的激

---

① 唐清泉、罗党论：《设立独立董事的效果分析——来自中国上市公司独立董事的问卷调查》，《中国工业经济》2006 年第 1 期。

② 宋增基等：《董事会行为、公司治理与绩效：来自中国的经验证据》，《软科学》2008 年第 6 期。

励作用；然而，对董事会审议事项公开发表异议也会使独立董事未来获得新职位的可能性减少。① 结合陈艳的分析，笔者认为，由于中国上市公司股权结构导致独立董事的选任实际上被大股东控制，积极监督者的声誉并不利于独立董事受大股东欢迎，并影响独立董事未来获得董事会席位的数量②，因此，现行任免机制致使声誉机制对独立董事从事积极监督的激励减弱。

此外，独立董事的约束机制也不健全。目前，尽管相对独立董事制度在中国最初确立时，关于董事违规处罚的法律法规不断增加及完善，然而，法律法规对董事违规行为的约束还有待加强。对于证监会网站公布的违规处理决定，2001—2009 年，深圳证券交易所共公开处罚 164 家主板上市公司及相关人员，上海证券交易公开谴责了 121 家公司、共 768 名高级管理人员，然而，无论是针对没能及时按期公开财务报表的行为，还是严重损害上市公司利益的资金占用问题，从诚信档案披露的处罚力度来看，基本都是公开谴责（并记入诚信档案），并没有差别对待。这表明，法律法规对违规公司及相关人员的处罚没有根据违规严重程度进行区分。因此，约束机制对独立董事并没有起到足够的威慑作用。此外，有国外研究表明，尽管法律对独立董事违规的处罚规定是有效的，实践中很少有独立董事自己支付罚款。在现行独立董事选任机制下，同样由于大股东对独立董事提名的决定性作用，这种被记入诚信档案的"不积极监督者"的声誉并不会对违规独立董事被再次提名以及获得更多上市公司董事会席位有消极影响。

因此，外部激励与约束机制不健全是客观存在的问题，并且不是短期内就能解决的问题。由于任免机制对监督作用的重要影响，应该先从改革独立董事的任免机制入手。

三 独立董事任免机制现状

现行独立董事任免机制影响了独立董事独立性进而影响了独立董事监督及控制职能的发挥，因此任免机制存在的问题是现有独立董事制度下独立董事监督作用不能有效发挥的较大阻碍。本部分重点分析现有任免机制

---

① 陈艳：《中国独立董事的声誉激励机制研究》，《经济体制改革》2008 年第 3 期。

② Westphal James and Zajac Edward, "Defections from the Inner Circle: Social Exchange, Reciprocity, and the Diffusion of Board Independence in U. S. Corporations". *Administrative Science Quarterly*, Vol. 42, No. 1, March 1997, p. 161.

存在的问题。

（一）国外现状

基于上市公司实践的国外实证证据（Shivdasani and Yermack，1999；Carcello et al.，2006）显示，CEO 参与新董事的提名时，公司任命的独立董事人数更少，更多灰色外部董事。当 CEO 参与董事任命时，股价的变化更大，而且是显著的。[1][2] 这表明 CEO 参与独立董事任免，会影响投资者投资决策。

Hermalin 和 Weisbach（1998）的发现揭示了美国现存独立董事产生机制影响了董事会独立性，致使董事会的独立性取决于独立董事与 CEO 的讨价还价能力。[3] Udueni（1999）检验了英国大公司外部董事的独立性发现，外部董事的比例大约为48%，然而，其中只有40%可以视为准独立，在这些人中不到20%的董事是真正独立的。[4] 因此，国外上市公司中独立董事的独立性由于其提名受到了公司 CEO 的影响而减弱。

（二）国内现状

以上研究针对的是美国的上市公司，David Webb 曾对中国香港的上市公司进行分析，也发现独立董事的产生机制使独立董事无法代表中小股东的利益。虽然，这些研究是基于国外和中国香港，然而，中国现行独立董事任免制度存在的问题却是与之相一致的。此外，中国上市公司大部分是国家控股，而国企所有者缺位的特征导致大股东对公司治理有益一面的作用不能发挥。因此，中国经济法律制度及现存独立董事制度条件下独立董事以及董事会的监督作用更是大打折扣。

李维安等（2004）曾指出，中国上市公司独立董事候选人的提名主要由控股股东控制，由控股股东或其派遣的董事参与提名的上市公司占88.27%，其中提名两名及以上的占69.05%；由非控股股东但合并持有

---

① Shivdasani Anil and Yermack David，"CEO Involvement in the Selection of New Board Members: An Empirical Analysis". *Journal of Finance*，Vol. 54，No. 5，October 1999，p. 1829.

② Carcello，Joseph V. and Neal，Terry L.，Palmrose Zoe – Vonna and Scholz Susan，"CEO Involvement in Selecting board members and audit committee effectiveness"，SSRN Working Paper，August 2006.

③ Hermalin，B. E. and Weisbach，M. S.，"Endogenously Chosen Boards of Directors and Their Monitoring of the CEO". *American Economic Review*，Vol. 88，No. 1，January 1998，p. 98.

④ Udueni Henri，"Power Dimensions in the Board and Outside Director Independence: Evidence from Large Industrial UK Firms". *Corporate Governance: An International Review*，Vol. 7，No. 1，January 1999，p. 62.

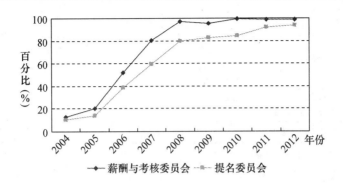

图1-1 中国上市公司董事会下设委员会建设进展（以深圳主板A股为样本）

资料来源：CCER 经济金融数据库数据整理。

本公司1%以上股权的股东提名的独董①只占15.01%；由董事会其他成员提名的独董占24.5%。仅有2.11%的独董由董事会的专门委员会提名。②随着监管部门对中国上市公司规制要求的加强，中国上市公司董事会下设委员会的建设在不断完善，如图1-1所示提名委员会及薪酬与考核委员会的比例逐年上升，提名委员会设立的比例也在近几年有了实质性的提高。然而，如果没有相应制度的变革，内部治理结构形式上的变化并不能保证董事会的监督作用发生实质性变化。

实践中，独立董事人选来源及换届人选来源以及提名情况都存在很大问题。申富平、韩巧艳和赵红梅（2007）对中国独立董事选聘机制进行的调查研究结果显示，独立董事来源和换届人选的来源相对单一，而目前对独立董事的提名仍然体现了大股东和内部人的意愿。③ 如表1-2所示，被调查的独立董事报告，其所在公司78%的独立董事都是由熟人推荐。样本中没有独立董事是从市场公开招聘、独立董事中介机构推荐或由独立董事人才库中搜索而来，这反映了独立董事人才市场的不健全，或是独立董事人才市场即使存在也没有对上市公司挑选独立董事起作用。

---

① 独董为独立董事的简称。
② 李维安等：《南开盘点三年独立董事制度的公司治理价值》，《中外管理》2004年第9期。
③ 申富平等：《上市公司独立董事选择和退出机制现状分析——以河北上市公司为例》，《经济与管理》2007年第5期。

表 1 - 2 独立董事来源渠道

独立董事来源	您认为独立董事应该从哪些渠道产生？（%）	您所在上市公司独立董事产生渠道有哪些？（%）
由熟人推荐	17	78
向市场公开招聘	16	0
由中国证监会委派	14	0
在独立董事人才库中搜索	31	6
由成立的独立董事中介机构推荐	20	0
其他渠道	2	16

资料来源：申富平、韩巧艳和赵红梅（2007）。①

表 1 - 3 独立董事换届人选的来源

独立董事来源	您认为独立董事换届人选应该从哪些渠道产生？（%）	您所在上市公司独立董事换届人选产生渠道有哪些（%）
原有独立董事继任	21	57
市场公开招聘	18	2
同行业互换独立董事	21	3
不同行业互换独立董事	5	14
独立董事中介组织推荐	16	3
证监会委派	10	18
独立董事彼此推荐	2	1
从独立董事人才库中搜索	7	2

资料来源：申富平、韩巧艳和赵红梅（2007）。

此外，独立董事的继任机制设计也存在问题。例如，在申富平、韩巧艳和赵红梅（2007）对上市公司调查中，当独立董事换届时，从表 1 - 3 中可以发现，57% 的样本公司是由原有独立董事继任。并且，继任的独立董事来源中，从市场公开招聘、独立董事中介组织推荐、独立董事彼此推荐及从独立董事人才库中搜索这四种来源方式所占比例都不超过 3%。

表 1 - 4 反映的独立董事的提名情况，尽管 62% 的公司由董事会提

① 申富平等：《上市公司独立董事选择和退出机制现状分析——以河北上市公司为例》，《经济与管理》2007 年第 5 期。

名，但是，董事会由大股东或其代理人组成，实质也是由大股东选择，由中小股东提名的只占1%。

表1-4 独立董事提名情况

您所在上市公司独立董事由谁提名？（%）		您认为独立董事应由谁提名？（%）	
董事会	62	大股东特别是控股股东	12
监事会	2	中小股东	16
控股股东	27	董事会	34
其他非控制性大股东	8	提名委员会	26
中小股东	1	高级管理层	0
—	—	监事会	0
—	—	成立的独立董事中介机构	12

资料来源：申富平、韩巧艳和赵红梅（2007）。

总的来看，中国现行独立董事任免机制在人选来源、提名、罢免、退出等环节都存在问题，尤其是独立董事提名和罢免制度亟待解决。而如何解决这一问题则取决于任免方式中哪些因素是影响中国独立董事行使监督职能的关键。此外，其他相关因素如独立性和竞争影响效果也是独立董事任免机制设计过程中需要注意的问题。

四 研究意义

独立董事的任免机制不仅影响独立董事监督作用大小，还在很大程度影响上市公司内部人是否能够公平回报中小股东的投资，进而影响着中小股东的投资信任和信心。本书通过实验研究方法操纵任免机制及相关自变量的变化，试图发现独立董事任免机制、独立性和竞争因素是如何具体影响因变量——独立董事的监督水平。因此，本书的研究对以下几方面具有指导意义。

（一）为上市公司治理机制改革提供理论及实证支持

中国现行的独立董事任免机制存在问题是不存在异议的，然而，目前大部分政策建议只是基于学者们对现象的观察及逻辑思考，或是在参照国外学者的研究和经验基础上提出的改革方案和建议。学者们的直觉判断很可能是正确并有效的，然而，如果政策建议能辅以通过实证或实验获取的量化数据的支持，那么，其说服力可能会大大增加。

本书的选题虽然是一个被学者们熟识的公司治理问题，然而，通过科学的实验、准实验及调查方法对这一问题进行定量研究，所得到的一些探索性的理论发现必然对指导现实具有重要意义。

本书比较了不同任免机制条件下独立董事的监督作用，通过测试各影响因素单独作用时以及这些因素相互作用时的影响效果，可以发现哪些因素能够对因变量产生实质作用，哪些因素的影响效果相对更强。由于本研究是从公司整体利益出发，主要考虑公司实践中时常被忽略的中小股东利益，因此，本书发现对促使上市公司注重长远利益，实现可持续发展有重要意义。通过探索独立董事任免机制的改进途径，可以促使独立董事很好地代表全体股东利益包括中小股东利益，对公司内部人（大股东或 CEO）进行积极监督。同时，一个设计良好的任免机制也可以在一定程度上威慑或阻止内部控制人的利益输送行为。

（二）为中国股票市场向投资型市场发展提供建议

任免机制的设计不仅影响独立董事的监督和决策，在很大程度上还影响上市公司内部人是否能够公平回报中小股东，进一步影响单一中小股东的投资决策，并影响整个股票市场投资信任。影响投资者是否进入股票市场的因素很多。对资本市场的信任和信心是因素之一。

Ryan 和 Buchholtz（2001）分析了股民信心对于投资者决策的影响。他们的模型提出，信任出现在现存的投资决策模型中风险变量之前。股票的所有权既涉及金融上的风险，又包含公司控制人的道德风险。这样，投资者的投资决策是建立在对管理层和股票市场的信任之上。为解决委托代理关系中的监督问题而建立的独立董事制度，其目的是通过防范公司控制人的道德风险从而保护上市公司和股东利益。尽管现存独立董事制度还存在问题，然而，独立董事的作用还是显著的，并且，国外学者发现董事会中独立董事的加入对提高股民信心有积极影响。Rosenstein 和 Wyatt（1990）检验了股价对增加外部董事这一事件的反应，发现股价在任命的公告后有 0.2% 的显著提高。这表明，外部董事的加入可能提高股民的信任。而 Farber（2003）发现，出现财务舞弊的公司会在丑闻出现后的三年内显著增加外部董事的人数，尽管机构投资者并没有增持，分析师也没有追随。这表明，对散户投资者来说，通过增加董事会中独立董事人数而提高董事会形式独立性对于提高财务系统的可信度是有一定的积极影响的，尽管对机构投资者和分析师没有产生影响。然而，解决监督问题仅仅通过增加外部独立董事的人数是无法实现的，独立董事任免机制的合理设计进而保证独立董事和董事会的实质独立是问题的关键。只有与股票投资相关的公司控制人的道德风险问题得到改善和解决，广大投资者才能放心进入股票市场。

目前，中国股票市场上，绝大多数小股民主要是通过赚取股票价差来获得投资收益。东方财富网和央视经济半小时联合调研显示：从 2007 年 1 月到调查时点，有逾九成股民亏损，其中有六成股民亏损达到 50%。研究人员蒲少平通过对中国股市给予股民的回报进行计算发现，A 股社会公众股东的现有净资产为 6169 亿元，加上分得红利 747 亿元，比其累计投入资金 8447 亿元缩水 18%。蒲少平认为，一般而言，在一家上市公司中，发起股东比社会公众股东贡献大，因此应该多分到利润。但是，中国上市公司不但把利润的大部分分给发起股东，还把本属于社会公众股东的资产也分一部分给发起股东，造成了社会公众股东的投资亏损。

不诚信的商业行为即使未遭遇政府罚款或诉讼赔偿损失，也会造成企业隐性成本的产生。这些隐藏性成本包括：

（1）因声誉受损导致的销售下跌。相当多的消费者会因企业的不诚实的商业行为，停止或减少对该企业产品与服务的消费。

（2）由于员工与企业组织的价值观发生冲突，会造成诚实员工离去，不诚实员工反而留下"反淘汰"的情形。当不诚实的员工比例增加时，企业监督员工的成本会大幅增加，而企业因不诚实行为所造成的损失也会增加。

（3）当企业加强监控员工后，员工会产生不被信任的不满、生产力降低等负面影响。

由于这是一连串的隐藏性成本，世界著名的台湾集成电路公司董事长张忠谋竭力倡导"好的道德等于好的生意"（Good ethics is good business），并以"志同道合"作为求才首选。①

上市公司侵害中小股东利益对企业所产生的隐性成本比上述一般性不诚信商业行为的成本要大得多。心理学家和经济学家关于公平和信任的研究揭示了其中原因（见图 1-2）。

---

① 刘顺仁：《财报就像一本故事书》，山西人民出版社 2007 年版，第 23、24 页。

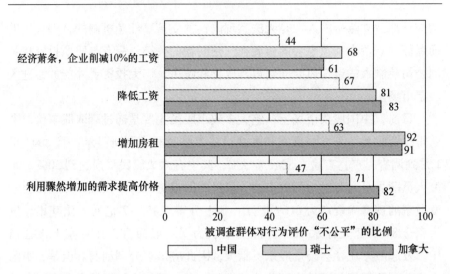

图1-2　中国、瑞士与加拿大居民对企业行为的公平认知

资料来源：笔者已发表的论文。

　　Kahneman、Knetsch 和 Thaler（1986）的研究表明，人们是关注公平的，厂商的利润最大化行为虽然与传统经济模型基于人的自利假设推导的行为一致，但是，在现实生活中，人们的公平偏好使企业利益相关者有时会抵制厂商的自利行为，例如，消费者对商品进行抵制购买或员工进行罢工，而很多厂商似乎意识到其他利益相关者对公平的关注，在一些本可以使自身利益最大化的情况下，不采取这样的行为。经济学实验研究的证据与上述研究发现也是一致的，即公平是重要的，人们有时会花费一些成本去惩罚局中人不公平行为。由于这类公平研究大多以西方国家的民众为研究对象，而文化是影响人类行为的一个重要因素。因此，笔者对中国学生和非学生居民进行了公平认知和从众心理问卷调查，如图1-2所示。研究结果表明，虽然对于一些市场行为，公平观念对中国民众的影响要弱于西方被调查者，然而中国人也是关注公平的，并且，从众心理对中国被调查者的影响是显著的，这意味着，如果有一部分人对上市公司的利润分配及大股东侵害小股东利益行为不满并且并把其观点进行传播，将会导致整体消极公平感知提高，这对公司的长远发展会产生严重的不良影响。

　　从博弈论角度看，股民与上市公司的关系其实是一个多轮的重复博弈过程，如果股民一直得不到合理的回报，就会选择退出市场，导致股票市场萎靡。因此，上市公司内部控制人是否公平的回报中小股东的投资，以及是否侵占中小股东的利益，对股市的繁荣程度有着重要影响。

（三）丰富公司治理问题的实验研究文献

公司治理问题的实验研究文献主要涉及审计判断、董事会的投票行为和决策、股票市场上的羊群效应、投资者风险偏好、经理人的判断和决策等方面。

对于任免机制对独立董事监督作用的影响，鉴于公司公开及档案数据的实证研究只能反映独立董事的名义或形式独立性，因此，这类研究无法识别目前独立董事外部激励与约束机制不健全条件下，中国独立董事实施监督职能的激励因素具体是什么，社会偏好作为独立董事实施监督的激励是否起到实质作用。此外，根据独立董事在董事会中所占比例计算的董事会独立性指标只提供了形式独立性信息，由于无法识别独立董事与一些控股大股东或是其代理人之间的隐性的私人朋友等这类组别关系而无法得知董事会的实质独立性。

因此，本书采取实验方法对任免机制等因素对独立董事监督作用的影响进行分析和检验。由于实验方法可以控制一些干扰变量，所以可以较为清晰地分离出各影响因素的净影响。因此，本书丰富了独立董事机制研究的相关文献。同时，对运用实验方法研究公司治理问题有一些贡献。

第二节 研究对象及概念界定

一 基本概念的界定

这部分对本书涉及的相关基本概念进行界定。

（一）独立董事任免机制的界定

独立董事任免机制指任免独立董事的相关机制，包括：独立董事候选人的搜寻、提名、任命、罢免、离职和竞争机制等相关机制。本书只对任免机制中最重要的提名（并任命）机制、解任（或罢免）和竞争机制进行研究。

（二）外部独立董事"独立性"的界定

从广义上看，独立性是指独立董事是否能够从公司整体利益角度做出公正无偏的判断和决策。本书前面提到的任免机制就可能影响独立董事的独立性进而影响其监督作用。

从狭义或一般意义上看，独立性指独立董事是否和内部人之间存在利益关联及社会关系。安然事件后，国外上市公司公司治理改革都围绕着提高董事会独立性，而监管部门关于上市公司董事会独立性提高的要求主要通过增加外部董事比例来实现。然而，一些学者发现，仅仅通过提高独立董事在董事会中的人数是不够的，"真实独立"或"实质独立"应该是，不仅要满足目前法律或相关规定对独立董事资格和人数的要求，而且应该高于这个标准，即不只是单纯人数的增加。由于利益关系层面的独立性可以通过公司法进行规范，然而社会关系层面的独立性问题则不易识别并控制。本书在后面的理论分析和实验检验部分关注的是社会关系层面的独立性问题。

这样，实质独立指在无相关法规规定的利益关联基础上又无任何社会关联。与"实质独立"对应的概念是"形式独立"或"名义独立"。本书后面的实验检验及分析部分通过组别关系变量这一替代变量对实质独立和形式独立进行区分。即如果上市公司内部人与独立董事之间无任何私人关系，即实质独立，那么组别变量等于0；反之，如果内部人与独立董事间是形式独立关系，那么组别变量等于1。根据谭劲松（2003），独立董事独立性可具体分为个体独立性和整体独立性。本书中，独立董事整体独立性等价于董事会独立性。

（三）独立董事监督作用概念的界定

独立董事对战略决策制定的贡献满足了公司治理两个目标之一，即增加公司价值。而公司是由利益相关者共同投入资本，因此独立董事对大股东和CEO的监督满足了公司治理另一个目标，即利益如何在利益相关者之间进行公平分配。具体可能表现为，保证公司财务报告及时准确披露，面对有损小股东利益及公司利益的议案，在董事会讨论中提出异议，进行阻止，或投反对票、弃权票等。

由于实践中很难量化独立董事监督作用的大小，而实验中可以对这一变量进行定量测度，将本研究独立董事监督实验中C（独立董事）对A（公司内部人）分配方案的惩罚水平（点数）作为替代变量。如图1-3

所示，独立董事与内部人串谋及独立董事不作为等价于实验中 C 的监督水平（即惩罚点数）为 0。除此之外，监督水平均为正，这个变量的最大值为实验中 C 的初始禀赋。

图 1-3 C（独立董事）的监督及惩罚水平

二 研究对象的界定

本书的研究对象为中国上市公司独立董事。尽管中国国有上市公司处于从行政型治理到经济型治理的转型过程中，董事长及总经理等内部董事由政府任命，然而，独立董事一般还是由这些代理人来选择。背景分析中提到，中国独立董事声誉激励的不完备性及扭曲以及其他辅助机制的不完备性，本书在实验研究部分通过单轮实验等设计对这些因素进行控制。

尽管实践中独立董事对公司的贡献体现在监督和提供专业建议两个方面。公司治理不仅解决如何提高公司价值的问题，还要解决利益如何在各利益相关者（狭义的概念：包括大股东、CEO、员工、小股东）之间如何分配的问题。因此，独立董事为公司战略决策提供专业建议有助于提高公司价值，即实现了扩大"利益大饼"的目的。而独立董事对内部控制人的监督则体现了维护公司所得利益公平合理的在各个利益相关者间进行分配的目的，即如何分割"利益大饼"。独立董事对公司内部代理人的监督主要体现在监督公司代理人对公司及股东的各种利益侵害行为如不正当关联交易、违规担保、财务舞弊、虚假信息披露等行为，此外，也体现在在公司分红政策中，如何维护小股东的利益。因此，独立董事的这两个作用并不矛盾，是相辅相成的。

本书只考察独立董事的监督作用，主要关注独立董事任免机制、独立性及竞争如何影响独立董事的监督作用。而监督作用这一变量的测量则通过本书中的独立董事监督实验中的 C 对 A 分配方案的惩罚水平作为替代变量。

第三节 研究目标、研究内容及逻辑框架

一 研究目标

本书试图解决以下问题:

第一,在理想的"实质独立"[①]条件下(排除声誉效应的影响),现实中可以通过独立的提名委员会来提名独立董事同时保证大股东或 CEO 回避,独立董事的监督效果如何?

第二,实质独立条件下,独立董事的提名方式,即由内部人(包括大股东董事或 CEO)还是由小股东提名独立董事,是否会对独立董事的监督作用有显著影响?

第三,在形式独立[②]条件下,即独立董事与内部人同组条件下,提名方式(哪一方提名独立董事)对因变量有什么影响?

第四,非实质独立与提名权效应同时存在时,这两个因素如何相互影响,进而对独立董事的监督作用会产生怎样的影响?

第五,在非实质独立条件下,赋予哪方解聘权或罢免权是否会对独立董事的监督作用有显著影响?

第六,在实质独立的条件下,并且在内部人提名独立董事这一方式下,候选人之间的竞争(竞聘机制或发达的董事人才市场等导致的竞争)对独立董事的监督作用是否产生显著影响?

第七,如果小股东对提名和任免独立董事有控制权,这种机制设计能否对名义独立条件下的独立董事监督作用产生积极影响,影响效果如何?

第八,检验任免机制对男性与女性独立董事监督作用的影响是否存在显著差异?

二 研究内容

本书研究问题的是任免机制如何对独立董事的监督作用产生影响。本书对此问题的分析是通过在 Fehr 和 Fischbacher (2004) 第三方惩罚博弈

---

① 这里的"实质独立"指独立董事与公司内部人如大股东或总经理之间并无朋友或伙伴的私人关系。

② 这里的"形式独立"或"名义独立"指独立董事与大股东或总经理无私人关系(组别关系)。

基础上设计的独立董事监督博弈分析工具来实现。由于本书欲考察独立董事的监督作用，本研究主要观测的因变量虽然应该是监督作用（实验中为惩罚水平），但在独立董事监督博弈中以代表独立董事的局中人 C 对代表大股东或 CEO 的局中人 A 的惩罚点数作为替代（proxy）变量。主要自变量包括：提名方式，即哪一方（内部人或中小股东）提名及任命独立董事；在此基础上的罢免方式，即哪一方对独立董事有罢免权；以及是否实质独立（即内部人与独立董事之间的组别关系），其中，无组别（与任一方不同组）视为独立董事完全独立；以及独立董事候选人之间的竞争（竞聘机制）。

本书各章节主要内容如下：

第一章是导论部分。此部分从中国上市公司的背景和现存外部独立董事机制存在的问题出发，分析了独立董事的任免机制的现状及存在的问题，在此基础上，提出了本书主要研究问题。即外部独立董事的任免机制的改变是否能显著提高外部董事对于全体股东及公司利益（尤其是小股东）的代表，哪种影响因素对独立董事的监督作用影响更强。在这一章里，笔者还讨论了本书研究的理论与现实意义。此外，简单介绍了全书的结构和框架；最后讨论了本书的创新点。

第二章是文献回顾和理论基础部分。本部分首先对独立董事任免机制和监督作用相关文献进行综述。由于独立性对于监督作用影响的重要性，还回顾了董事会独立性等相关文献，包括国内外学者对此问题的实证研究现状，在此基础上识别本书的立足点及研究贡献。文献回顾部分之后，本书对独立董事监督的理论基础进行归纳和总结。此外，在对第三方惩罚博弈模型进行简要介绍基础上，依据实践中内部人、独立董事、小股东之间的关系，提出针对本书研究问题的独立董事监督博弈模型（见第二章第二节），同时，说明与论证借用这一基本博弈模型来模拟本书研究问题及在此基础上进行实验设计的原因。

第三章构建了任免机制与独立性对中国独立董事监督作用影响的理论模型并提出研究假设。本部分基于激励理论、社会偏好理论、行为经济学中的前景理论以及心理学相关理论研究发现，以独立董事监督博弈中独立董事对于内部人非均等分配方案的惩罚点数大小（监督水平）作为因变量，而以任免机制的各因素及独立性作为自变量，建立了一个三层次理论模型，并对任免机制相关因素如何影响独立董事的监督作用进行了理论分析及预测，同时提出了相应假设，并对一些条件下的博弈均衡解进行推导和计算。

第四章通过一个实验检验了利他惩罚（监督的内在激励）、提名方式、组别这些因素对独立董事监督作用影响的相关理论假设。本部分首先详细阐述实验的设计和参数以及实验方法，之后报告了实验的具体结果。并对结果进行比较分析，验证假设是否得到支持，对各个因素（提名方式和组别）的单独影响以及这些因素之间的相互影响效果进行概括。在实验设计部分，介绍了实验中的参与人在每个步骤可选择的行为及独立董事监督博弈局中人可以获得收入的关系。实验方法部分对参与实验的被试人数、来源、有无经验，被试实验奖励和实验的具体程序步骤进行了说明。

第五章的实验主要检验解任方式和竞争机制对独立董事监督作用产生的影响。同前一部分相似，这一章首先详细阐述该部分实验的设计、参数与方法，之后报告实验的具体结果。并对结果进行分析，验证本书的假设是否得到支持，对各个因素（罢免方式和竞争）的单独影响以及这些因素之间的相互影响效果进行概括。在实验设计部分，分别介绍了此部分的几个实验处理条件（Treatment），实验中的参与人在每个步骤的可选行为及相应的支付办法。实验方法部分说明了参与实验的被试人数、来源、有无经验等信息以及实验的程序。

第六章从性别角度对第四章和第五章的实验数据进行了深入分析，分析了声誉等机制缺失条件下，任免机制、独立性与竞争对男性与女性独立董事的监督行为是否存在差异。

第七章通过四个后续实验对本书之前实验的外部有效性进行检验。

第八章是本书的讨论和结论。这一部分结合现行独立董事任免机制所存在的实际问题，讨论实验结果的现实意义，并提炼出本书结论。最后，基于本书的结论，从提名权与罢免权的授予、独立提名委员会的设置、竞争机制、独立董事的性别考虑等方面，对独立董事任免机制的改进提出具体方案和建议。

三 逻辑框架

本书各个章节内容存在内在的有机联系，参照科学的研究规范，其逻辑结构如图 1-4 所示。

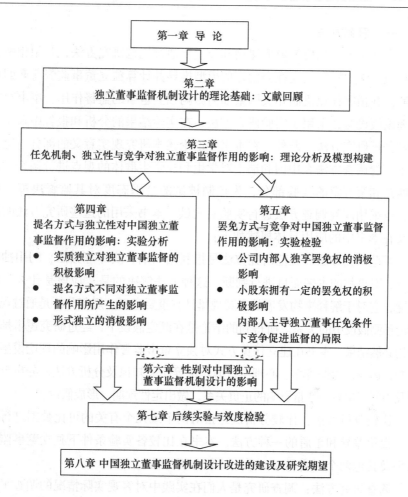

图1-4 本书逻辑结构

第四节 研究方法与创新

　　本书主要利用交叉学科的前沿理论对任免机制如何影响独立董事监督作用这一问题进行分析，并在此基础上构建了理论模型，进一步采用实验方法对任免机制如何影响独立董事监督作用进行定量检验。本节主要介绍本书研究方法，并解释本研究的技术路线。

一 研究方法

本书在理论分析及模型建构部分主要通过规范研究方法，利用相关理论和经济学中模拟人类社会偏好的模型推导并计算独立董事监督博弈的均衡解，并预测任免机制相关因素如何影响独立董事的监督作用。本书在检验理论假设时，采用了实验研究方法，在实验结果的分析和报告中采用了比较分析研究方法。此外，在本书导论论述本研究现实意义的部分，笔者采用问卷调查方法在中国和瑞士对学生和非学生群体的观点进行调查。在第四章和第五章的实验部分，为控制被试的公平态度对其监督决策的影响，也采用问卷调查方法进行实验后测试。本书采用的这些研究方法的特征及在本书中的应用具体概述如下：

规范研究方法：规范研究方法是指利用归纳、演绎等方法，利用抽象思维，对事物的本来面目进行判断。这种方法解决的是"应该是什么"的问题，它对于解释事物发展的客观规律具有重要意义。规范分析是通过现存理论预测假设中的关系。所得到的结论是在既定假设下，经过研究逻辑推理后的必然结果。本书在建立任免方式对独立董事监督作用影响的理论模型过程中，运用行为经济学、心理学、博弈论等相关知识及分析方法，分析自变量及中间变量对因变量影响的正负关系，做出定性预期，形成假设。

比较分析方法：比较分析法是指对两个或几个有关的可比数据进行对比，揭示差异和矛盾的一种方法。本书在比较各实验条件下独立董事监督水平及其他两个因变量时，采用比较分析方法。

调查研究方法：调查研究是人们在实践中对客观实际情况的调查了解和分析研究，即通过一定形式和各种途径，直接或间接地搜集有关信息，比较充分地掌握有关客观实际的材料，并在此基础上进行深入的分析综合，从而获得对客观事物的某些规律性认识，用以指导各种实践活动的过程。调查研究是科学的认识方法和工作方法，是辩证唯物主义认识论在实际工作中的具体运用。

实验研究方法：实验方法是从某种理论或假设出发，在控制的情境下系统地操纵某种变量变化，以研究此种变量的变化对其他变量所产生的影响。实验法可以被重复验证，其研究结果也通常以精确的数据说明问题，真实可靠、令人信服。

实践中，由于一些时候客观条件达不到实验方法要求，研究者往往采用准实验方法。准实验方法是研究者在研究中无法随心所欲地在实验中采用随机取样方法分派受试者、控制实验情境，此时所使用的实验设计即称为准实验研究设计。①

在分析通过调查和实验获得的数据时，本书将使用几种统计分析方法，如非参数统计分析方法、回归分析方法、因子分析和聚类方法。用于处理数据的软件包括 Excel、SPSS 及 Stata。

非参数统计是统计学的一个重要分支。所谓统计推断就是由样本观察值去了解总体。在对总体的分布不作假设或仅作非常一般性假设条件下的统计方法称为非参数统计。非参数统计方法在社会学、医学、生物学、心理学、教育学等领域都有着广泛的应用。因子分析方法的基本目的就是用少数几个因子去描述许多指标或因素之间的联系，即将相关比较密切的几个变量归在同一类，每一类变量就成为一个因子（之所以称其为因子，是因为它是不可观测的，即不是具体的变量），以较少的几个因子反映原始资料的大部分信息。聚类分析方法是根据事物本身的特性研究个体分类的方法，是研究事物分类的基本方法。此方法只是为了某种目的，并非真实存在所分的类。方差分析方法是用于两个及两个以上样本均数差别的显著性检验，该方法从观测变量方差入手，研究诸多控制变量中哪些变量对观测变量有显著的影响。

二 技术路线

本书运用经济激励理论、社会偏好理论、博弈论、行为经济学、心理学等理论知识分析任免机制、独立性与竞争对独立董事监督作用的影响，并构建理论模型。而对理论假设的论证过程采用了实验研究方法及比较分析方法，具体工作包括实验说明的撰写，通过预实验进一步修改实验说明，完成对实验数据的收集，对实验结果进行整理、分析、报告及总结。在实验结果的报告与分析过程中，通过描述性统计分析对实验结果进行概述，进一步通过非参数统计检验方法将各种实验条件下被试的决策进行比较，并通过后续实验检验效度，最后得出本书结论。

本书研究的技术路线如图 1-5 所示。

三 创新之处

与本书研究主题相关领域的前人研究相比，本书试图从理论及方法方面有所创新。具体来看，本书可能的贡献包括：首先，本书提出了一种新

---

① 本书行文中没有明确区分准实验和实验，一律统称为实验。

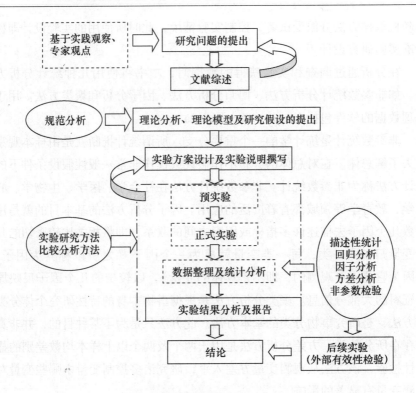

图 1-5　本书研究的技术路线

的观点，社会偏好理论也是独立董事监督的理论基础，利他惩罚偏好是实质独立条件下中国独立董事监督的内在激励，组别因素是形式独立削弱独立董事监督作用的深层原因。本书在 Fehr 和 Fischbacher（2004）第三方惩罚博弈模型基础上提出独立董事监督博弈模型，较好地刻画了中国上市公司内部人、中小股东和独立董事的关系。

其次，在社会偏好理论、社会同一性理论、前景理论和竞争理论基础上，阐述了任免机制、独立性与竞争分别通过互惠、损失规避和组别偏好以及这些因素之间的互动，对中国独立董事监督作用产生影响的深层机理；同时，通过社会偏好模型对博弈均衡解进行推导和求解，并创新性构建了一个以外部机制作为外生变量，任免机制为主要影响因素，独立性作为基础影响因素的三层次理论模型，扩展了任免机制对监督作用影响的微观理论基础文献。

此外，鉴于实证方法在研究任免机制影响中国独立董事监督作用的局限，并且利用实验方法①研究公司治理问题的国内外研究相对较少，通过实验来研究独立董事任免机制如何影响独立董事的监督作用是本书方法上的一个创新。由于公开数据无法或者较难识别外部董事是否实质独立，因此，实验方法显示了相对的优势，实验室里通过不可控因素，检验出一些我们感兴趣因素的影响效果。此外，可以对实践中无法同时进行比较的不同机制进行比较，通过定量分析判断差异是否显著，为机制改革方面的政策制定提供理论和实证依据。

小 结

本章首先提出现存任免机制、独立性问题与外部机制问题是阻碍中国独立董事监督作用充分发挥的重要影响因素。在此基础上，这一部分还分析了这一问题存在的现实背景、中国独立董事任免机制存在的主要问题及本研究的理论与现实意义。本章第二部分界定了本书研究问题所涉及的一些基本概念，并对本书研究对象进行界定。第三部分提出了本书的研究目标，在此基础上概述了本书各章节的主要研究内容，并通过配图清晰地展示了各个章节之间的逻辑关系。最后一部分介绍了本书的研究方法，并阐述了本研究总体的技术路线，同时配以图示说明。

---

① 实验方法可能会受到学者们关于使用学生样本来预测公司人士行为决策的质疑，然而，现有实验研究已对这个问题进行部分回答，即 CEO 和学生在一些实验中的决策无差异。

第二章　独立董事监督机制设计的
理论基础：文献回顾

第一节　独立董事机制的有效性

本书关注的主要问题是任免机制、独立性与竞争对独立董事监督作用的影响机理，同时，由于本书采用实验方法对理论分析所得出的假设进行检验，因此，本章从独立董事的独立性、董事会的"独立性"特征对监督作用的影响领域的实证研究以及监督机制改进的经济学实验研究入手对相关文献进行梳理，之后对任免机制对监督作用影响的实证结果的相关研究进行回顾和述评。最后，在国内外学者现有研究基础上，发现进一步研究的方向，提出本书研究问题的立足点及可能的贡献。

一　独立董事机制对公司治理影响的经验证据

1993—2000 年，至少 18 个国家发布了独立董事在董事会中的最低人数要求的规范。Dahya 和 McConnell（2005）认为，这一运动背后的理论基础假设是外部董事占绝对多数的董事会将会比公司内部人主导的董事会做出不同，也可能是更好的决策。他们发现，独立董事占董事会人数增加后，公司任命外部 CEO 的可能性增大。由于任命外部 CEO 公告期的股票收益暗示了，这一任命对投资者来说是一个好消息。因此，他们得出结论，外部独立董事人数更多的董事会，似乎做出更不同（可能是更好）的决策。

然而，Dahya 和 McConnell（2005）关于独立董事人数更多的董事会可能做出更好决策的结论是非确定性的，如前面综述所示，董事会形式独立性指标与公司绩效的相关关系研究并没有得出两者显著相关的结论，Cao（2006）认为，这不仅是由于内生性的问题，一个更重要的问题是，独立董事占董事会比例这一结构性指标并不能提供外部董事激励的状况，因此不一定和董事会有效性有很强的关联。而且实践中，2002 年美国上市公司丑闻涉及的安然公司中，17 名董事会成员，除董事会主席和首席执行官外，其余 15 名董事均为独立董事，这表明，独立董事人数单纯的增加，并不一定暗示董事会监督有效性的增强。

Lin（1996）对独立董事监督作用的实证研究进行了梳理。认为现存理论（独立董事既不是毫无作用亦非总是起作用）过于简化。[①] 实证研究结果显示，有些情况下，外部董事的作用更大，在另一些情况下，其作用不大。Hermalin 和 Weisbach（2003）对董事会制度的研究进行了相对全面的梳理，他们认为，现存关于董事会的理论研究相对不足，实证的研究作为一种替代填补了理论研究的真空状态。这类实证研究主要回答了以下三个问题：第一，董事会的特征，如成员组成、规模，如何影响公司的盈利性？

第二，董事会的特征如何影响董事会可以被观测到的决策？

第三，哪些因素会影响董事会的组成，他们如何随时间变化而变化？[②]

（一）形式独立与公司绩效

关于董事会特征如何影响公司的营利性，相关研究并没有给出确定性结论。

国外现有关于董事会组成、董事会独立性指标对上市公司绩效影响的相关研究（主要基于美国实践的研究）并没有得出一致的结论（Udueni，1999）。[③] Hillman 和 Dalziel（2003）的结果支持董事会组成与绩效之间呈正相关关系[④]，Rosenstein 和 Wyatt（1990）通过股价检验了增加外部董事

---

① Lin Laura, "The Effectiveness of Outside Directors as a Corporate Governance Mechanism: Theories and Evidence". *Northwestern University Law Review*, Vol. 90, 1996, p. 898.

② Hermalin Benjamin and Michael Weisbach, "Boards of Directors as an Endogenously Determined Institution: A Survey of the Economic Literature". *Economic Policy Review*, Vol. 9, No. 4, April 2003, p. 7.

③ Udueni Henri, "Power Dimensions in the Board and Outside Director Independence: Evidence from Large Industrial U. K. Firms". *Corporate Governance: An International Review*, Vol. 7, No. 1, January 1999, p. 62.

④ Hillman, A. J. and Dalziel, T., "Boards of Directors and Firm Performance: Integrating agency and resource dependence perspectives". *Academy of Management Review*, Vol. 28, No. 3, July 2003, p. 383.

对绩效的影响，发现任命的公告导致股价显著提高。Brickley 等（1994）和 Lee 等（1999）也有类似的发现。然而，一些学者，例如 Angawal 和 Knoeber（1996）和 Johnson（1997），则发现了两者之间的负相关关系。同时，也有很多学者的研究发现支持两者无关论。MacAvoy 等（1983）、Hermalin 和 Weisbach（1991）、Mehran（1995）、Klein（1998）和 Bhagat、Black（2000）对独立董事的人数与公司会计指标进行相关性检验，发现两者者之间没有显著的关联。而 Hermalin 和 Weisbach（1991）[①]、Bhagat 和 Black（2000）也没有发现外部董事比例与 Tobin Q 之间有显著关系。最后，Bhagat 和 Black（2000）[②] 的结果也不支持董事会组成对长期的股市和会计绩效有显著影响。

国内学者对独立董事监督作用的有效性也进行了大量实证研究，然而，这些研究的结论常常不一致。一些研究发现，独立董事占董事会席位的比例与公司绩效呈正相关关系（如韩钢和李随成，2011）。王跃堂等（2006）[③] 和魏刚等（2007）[④] 的研究结果都支持独立性指标与绩效的正相关关系，他们的实证研究均表明，独立董事或有特定背景的独立董事比例越高，公司绩效越好。然而，一些学者则得出了独立董事指标与绩效具有负相关关系（徐高彦，2011；高明华和马守莉，2002；于东智，2003），他们发现，独立董事制度并没有对提升企业业绩有很大的帮助。[⑤][⑥] 宋增基、宁家耀和张宗益的研究结果表明，董事会行为与前期公司经营业绩显著负相关，与当期、下期公司绩效显著正相关；董事会行为是一种事后的"灭火装置"，而不是事前治理的措施。[⑦] 此外，还有一些研究发现，独立董事指标与绩效无关（如姚伟峰，2011）。向锐（2008）

[①] Hermalin, B., and Weisbach, M., "The Effects of Board Composition and Direct Incentives on Firm Performance". *Financial Management*, Vol. 20, No. 4, Winter 1991, p. 101.

[②] Bhagat, S. and B. Black, "Board Independence and Long – term Performance". *University of Colorado Working Paper*, 2000.

[③] 王跃堂等：《董事会的独立性是否影响公司绩效?》，《经济研究》2006 年第 5 期。

[④] 魏刚等：《独立董事背景与公司经营绩效》，《经济研究》2007 年第 3 期。

[⑤] 高明华、马守莉：《独立董事制度与公司绩效关系的实证分析——兼论中国独立董事有效行权的制度环境》，《南开经济研究》2002 年第 2 期。

[⑥] 于东智：《董事会、公司治理与绩效——对中国上市公司的经验分析》，《中国社会科学》2003 年第 3 期。

[⑦] 宋增基等：《董事会行为、公司治理与绩效：来自中国的经验证据》，《软科学》2008 年第 6 期。

实证研究结果显示，在民营上市公司中，财务独立董事与公司经营业绩之间不存在显著的相关关系，这表明，财务独立董事对公司经营业绩的改善没有起到促进作用。①

对于上述实证结果的不一致性，Udueni（1999）认为，这些研究对主要关注的董事会组成所选用的替代变量存在差异，而替代变量大致可以归结为三种。首先，大部分研究采用外部董事所占比例，而并没有考虑其独立性。少数研究采用内部董事比例，只有极少数研究使用了独立的外部董事这一指标。其次，采用独立外部董事衡量董事会独立性的研究大多数也没有考虑 CEO 对于外部董事提名过程的干预，及这种干预对独立董事实质独立性的消极影响。最后，大多数以美国公司为研究对象的研究将董事会独立董事占多数等价于存在真实监督内部人的权力。这种替代是否准确是一个问题。

在转型经济的影响下，独立性与绩效之间的关系可能更为复杂。Peng 等（2003）分析了俄罗斯私有化和重组环境下独立董事的存在和经理更替是否改进了公司绩效。他们提出两个标准的委托—代理假设，即外部董事人数和新上任的经理人分别与企业绩效存在正相关关系。基于 314 家私有化公司数据，他们并没有发现支持假设的证据。因此，他们对不显著的结果提出几种解释：基础的理论是否适合，方法是否存在问题，或者是否学者们在一个新的环境中检验代理理论时，需要将俄罗斯转型经济中的制度问题考虑在内。②

因此，这类研究不仅包含董事会独立性如何测度的问题，同时，独立董事是否实质独立也会影响相关关系统计检验的结果。

（二）独立性与董事会监督作用

董事会的监督职能起源于外部独立董事机制的引入。然而，外部董事或外部独立董事加入董事会对董事会的监督作用是否起到实质性帮助还不是十分清楚，因而，学者们试图通过替代变量来检验这一问题。他们通常利用外部或外部独立董事人数占董事会比例这类指标来计算的董事会形式

---

① 向锐：《财务独立董事、公司治理与经营业绩关系——基于中国民营上市公司面板数据的研究》，《经济经纬》2008 年第 4 期。

② Peng W. Mike, Trevor Buck and Igor Filatotchev, "Do Outside Directors and New Managers Help Improve Firm Performance? An Exploratory Study in Russian Privatization". *Journal of World Business*, Vol. 38, No. 4., November 2003, pp. 348 –360.

独立性进而检验独立性与董事会监督作用大小之间的关系。

其中，一些学者发现了形式独立性与董事会监督作用之间的正相关关系。Gul 和 Leung（2004）检验了董事会领导权结构、专家外部董事与公司信息自愿性披露的关系。CEO 与董事会主席两职合一与更低水平的披露相关。而这种负相关关系在专家外部董事比例高的公司中会减弱，结果表明，非执行董事的专业性对此关系有缓解作用。① Bhojraj 和 Sengupta（2005）对董事会独立性、机构投资者所有权与管理层收益预测特征之间关系进行了检验。他们发现，更多的外部董事，机构持股越多，公司就越可能较为频繁地发布预测，同时，预测更具体、准确，并且越少出现过于乐观的偏差。② Peasnell 等（2000）试图检验董事会的监督是否对盈余管理行为的出现产生影响，他们的研究建立在外部董事比例高的董事会监督作用更强这一假设基础上。他们选用英国公司样本，结果发现，调高收入的异常收益报告与外部董事的比例成反比。他们进一步检验发现，这个结果局限在那些所有权与控制权分离最大的公司中，但没有发现调低收益的异常收益项与外部董事的比例相关。虽然没有直接证据发现审计委员会的作用，然而，外部董事对于虚增利润的异常收益操纵的影响在审计委员会存在情况下是更显著的。他们认为，结果支持了代理理论所预测到的，外部董事有助于财务报告的真实性。③

然而，也有一些学者并没有发现形式独立性与董事会监督作用之间相关关系的证据。Booth 和 Deli（1999）对金融机构作为外部董事的作用进行了研究。虽然总的债务水平与商业银行进驻董事会正相关。具体来说，银行作为非集团公司的外部董事与借贷正相关，而银行作为集团公司的董事则无关。这一结果表明，独立董事的作用只是提供银行信贷市场的专业

---

① Gul A. Ferdinand and Leung Sidney, "Board Leadership, Outside Directors' Expertise and Voluntary Corporate Disclosures". *Journal of Accounting and Public Policy*, Vol. 23, No. 5, September – October 2004, p. 351.

② Bhojraj Sanjeev and Sengupta Partha, "The Association between Outside Directors, Institutional Investors and the Properties of Management Earnings Forecasts", *Journal of Accounting Research*, Vol. 43, No. 3, June 2005, p. 343.

③ Peasnell, Ken V., Pope F. Peter and Young Steven, "Board Monitoring and Earnings Management: Do Outside Directors Influence Abnormal Accruals?". *Journal of Business Finance & Accounting*, Vol. 32, No. 7 – 8, September 2000, p. 1311.

知识，而没有起到监督企业信贷关系的作用。[①]

鉴于形式独立性与董事会监督作用研究的局限性，一些学者尝试研究实质独立性与董事会监督作用之间的关系。Hermalin 和 Weisbach（1998）、Warther（1998）[②] 研究了独立性与董事会做出更替 CEO 决策之间的关系。Hermalin 和 Weisbach（1998）的理论研究建立了一个随着 CEO 任期增加 CEO 对董事会决策影响的模型。CEO 与董事们通过各自讨价还价能力大小对哪些人进入董事会进行协商。他们的研究结论认为，在 CEO 任期内，如果董事会独立性下降，CEO 更替与公司绩效相关性的敏感度也会下降。Warther（1998）的模型研究了 CEO 解雇董事会中与之意见不一致董事的能力会影响董事会成员的行为，结果表明，董事只有在不利信息达到一定水平时才会规制管理层。

另外，国内学者叶康涛等（2007）发现，独立董事变量与大股东资金占用显著负相关[③]，蔡志岳和吴世农（2007）的研究显示，独立董事比例越高，公司经营越规范；审计委员会的设立可以在一定程度上监督约束公司行为。[④] 然而独立董事进而董事会的监督作用还没有充分发挥（唐清泉和张迪，2005[⑤]；申富平等，2007）。

此外，关于独立董事独立性与与股东价值之间关系的实证发现也没有得到一致结论。Kenneth（1996）发现了外部董事比例与外部 CEO 继任之间的正相关关系。股票收益在继任宣告期的数据显示，平均来看，股东从外部 CEO 的继任中获益，而当内部人代替了被解雇的 CEO 时，他们的利益受到侵害。[⑥] Dahya 和 McConnell（2005）也发现，外部董事的增加提高了任命外部 CEO 的可能性。并且，股市宣告期的股票收益表明，投资者

---

① Booth, James R. and, Deli, Daniel N., "On Executives of Financial Institutions as Outside Directors". *Journal of Corporate Finance*, Vol. 5, No. 3, September 1999, p. 227.

② Warther, V., "Board Effectiveness and Board Dissent: A Model of the Board's Relationship to Management and Shareholders". *Journal of Corporate Finance*, Vol. 4, No. 1, March 1998, p. 53.

③ 叶康涛等：《独立董事能否抑制大股东的"掏空"？》，《经济研究》2007 年第 4 期。

④ 蔡志岳、吴世农：《董事会特征影响上市公司违规行为的实证研究》，《南开管理评论》2007 年第 6 期。

⑤ 唐清泉、张迪：《独立性与报酬、知识与信息，谁更重要——基于独立董事监督职能的问卷调查》，《当代经济管理》2005 年第 6 期。

⑥ Kenneth A. Borokhovich, Robert Parrino, Teresa Trapani, "Outside Directors and CEO Selection". *Journal of Financial and Quantitative Analysis*, Vol. 31, No. 3, September 1996, p. 337.

会视外部董事和外部CEO 的任命为好消息。[①] Cotter 等（1997）检验了独立董事在要约收购中对提供目标公司股东价值的作用，发现一个独立董事占多数的董事会更可能通过抵抗拒绝而提高收购价格进而提高股东价值。[②] 尽管上述研究得出了独立董事独立性与股东价值的正相关关系，然而，Ferris 和 Yan（2007）利用2002 年共同基金家族的大样本，针对独立的董事会主席及董事会独立性对于公司丑闻的发生概率及基金整体的绩效的影响进行检验，发现前者与后者之间无关联。[③] 他们的研究发现质疑了SEC 为提高独立性所提出的增加独立董事及由外部董事担任委员会主席要求的有效性。

国内的同类研究也同样没有得出一致结论。结合中国上市公司"一股独大"的状况，唐清泉等（2005）和高雷等（2006）[④] 发现，独立董事对大股东资金占用并没有显著的效果。王兵（2007）的研究发现，独立董事并不能提高公司盈余质量，结论总体上表明中国独立董事还没有有效发挥监督作用。[⑤] 而叶康涛等（2007）在控制独立董事内生性问题后则发现，独立董事变量和大股东资金占用之间呈显著负相关关系。

在与 CEO 就公司决策问题发生严重冲突时，很多学者对独立董事能否真正维护股东利益提出了质疑。Jensen（1993）认为，在很多情况下，公司的独立董事都没有很好地维护股东的权益。在独立董事和 CEO 发生冲突的时候，独立董事往往不是采取公开的反对态度（Hermalin and Weisbach，2001；Brown and Maloney，1999），而且，独立董事为了表明自身不和管理层合谋的态度，其往往选择主动辞职；即使存在一些独立董事能公开反对 CEO 的不良决策，结果是他们往往被迫辞职（Brown and Ma-

---

① Dahya Jay and McConnell J. John, "Outside Directors and Corporate Board Decisions". *Journal of Corporate Finance*, Vol. 11, No. 1 - 2, March 2005, p. 37.

② Cotter, James F., Anil Shivdasani and Marc Zenner, "Do Independent Directors Enhance Target Shareholder Wealth during Tender Offers?". *Journal of Financial Economics*, Vol. 43, No. 2, Feburary 1997, p. 195.

③ Ferris P. Stephen, Yan Xuemin, "Do Independent Directors and Chairmen Matter? The Role of Boards of Directors in Mutual Fund Governance". *Journal of Corporate Finance*, Vol. 13, No. 2 - 3, June 2007, p. 392.

④ 高雷等：《公司治理与掏空》，《经济学》（季刊）2006 年第 3 期。

⑤ 王兵：《独立董事监督了吗？——基于中国上市公司盈余质量的视角》，《金融研究》2007 年第 1 期。

loney，1999①）。

综上所述，研究结果肯定了国内外现存独立董事机制下选出的独立董事在监督方面所起的一定作用，然而同一领域的研究结果并不一致。总的来看，这些研究结果并没有对独立董事独立性可以提高董事会监督作用进而提高股东价值提供一致的证据支持。而且，这类独立性相关的实证研究，主要由独立董事占董事会成员比例来度量董事会独立性，而使用这一指标的问题包括，无法准确测度独立董事个体真实独立性，即是否与控制性大股东或总经理无私人朋友或商业伙伴等关系，进而导致测出的董事会整体独立性指标有偏差。因此，考虑到很难识别公司董事会的实质独立性程度，并且，改进任免机制是否会提高独立董事的监督作用也不易观察，因而，这暗示了利用实验方法检验这一传统问题的必要性。

此外，结合董事会独立性与公司营利性之间关系的研究，两类研究之所以存在非一致性结论的一个共同原因就是 Hermalin 和 Weisbach（2003）提到的实证研究存在的一个共同问题，即董事会的特征与公司绩效或其他属性两者之间存在因果关系吗？还是他们之间存在一个共同的影响因素，导致他们之间的相关关系。因此，实验方法在这方面也显示了相对的优势。

针对 Hermalin 和 Weisbach（2003）提到的董事会理论研究的相对不足及上述实证研究的一个共同问题，这也提出了如何识别董事会独立性程度去验证不同影响独立董事监督水平因素的必要性。同时，Udueni（1999）的方法虽然可以识别独立董事的独立程度及内部人对于独立董事独立性的影响程度，然而，其成本较大，而且利用档案数据的实证研究无法检验还未实行政策的效果。上述考虑是本书采用实验方法的重要原因。

（三）外部激励与独立董事监督

外部独立董事是否需要经济激励仍是一个具有争议的话题。

Hamdani 和 Kraakman（2007）认为，长久以来，法律并没有让外部董事完全为不能尽职监督经理而负责。② 另外，法律也没有给外部董事渎

---

① Brown，W. and Maloney，M.，"Exit，Voice，and the Role of Corporate Directors：Evidence From Acquisition Performance". Claremont Colleges Working Papers，Number 1999 - 27.

② Hamdani Assaf and Kraakman Reinier，"Rewarding Outside Directors". *Michigan Law Review*. Vol. 105，No. 8，June 2007，p. 1678.

职行为一个完全自由的通行证。因为这样就没有什么激励进行监督。股权激励，即期权或限制性股票，即使可以激励外部董事更好地参与战略决策的制定，但是，他们的监督职能没有得到激励，因为，一方面，对于管理层的不当行为，如为提高股价进行财务报表作弊，外部董事没有激励去揭发，因为股价提高对他们有好处。另一方面，由管理层制定他们的薪金，而股权方案促使他们妥协。虽然，外部董事负责提名总裁，但是总裁决定董事的提名，并影响董事的任期。

一些学者提供了独立董事持有期权及股票对公司价值的积极影响。Linn 和 Park（2001）调查了外部董事薪酬在 1979—1999 年间的演化，以股票为基础的薪酬采用，主要形式为股票期权和限制性及非限制性股票。小一些的公司倾向于使用前者，而大公司更常使用后者。[①] Fich 和 Shivdasani（2005）利用财富 1000 公司数据（1997—1998）发现，存在外部董事股票期权的公司拥有更高市账比和盈利指标。期权计划的采用与正的 CAR 及分析师对于收益预测的有利修改正相关。由此计划公司的外部董事任命与 CAR 为 0 相关，而对于其他公司，则与 CAR 为负值相关。因而他们认为，外部董事期权计划有助于使外部董事与股东利益一致，进而提高公司价值。[②] McConvill 和 Bagaric（2004）提到，"安然"事件后公司治理改革的焦点是"独立性"，而尽管独立性的含义易混淆，然而在独立性背后的潜在要求是外部独立董事与公司利益的更紧密联系。他们认为，限制独立董事持股的改革会导致小股东与董事之间出现次级的公司治理问题。只有让外部董事持有一定比例的股份，董事利益才能与公司利益一致。[③] Kosnik（1990）调查了董事会的人口特征，外部董事的激励性报酬对公司私下回购持异议的股东股票的影响。他们发现，在高管持股很少的情况下，外部董事的利益与他们的薪酬相比更高时，同时他们的任期相似时，这类公司更可能阻止绿色邮件的

①　Linn Scott C. and Park Daniel, "Outside Director Compensation Policy and the Investment Opportunity Set". *Journal of Corporate Finance*, Vol. 11, No. 4, September 2005, p. 680.

②　Fich M. Eliezer, "Shivdasani Anil, The Impact of Stock – Option Compensation for Outside Directors on Firm Value". *Journal of Business*, Vol. 78, No. 6, December 2005, pp. 2229 – 2254.

③　McConvill James and Bagaric Mirko. "Why all Directors should be Shareholders in the Company: The Case Against 'Independence'". *Bond Law Review*, Vol. 16, No. 2, December 2004, p. 41.

发生。①

然而，外部经济激励可能产生一些问题，如利用内部信息从股票交易中获利，或是诱发高管及董事的短视行为（如 Shleifer and Vishny，1997；Yermack，1997）。②③另外，公共管理领域对激励机制的研究表明，当不同任务完成情况的可侦测程度有差异时，政府官员的任免机制有时也会扭曲他们在多个任务上的分配，导致在一些短期效果明显项目上投入过多努力，而对于提供社会长期福利的项目努力投入不足。因此，Gersbach 和 Liessem（2003）提出，需要将激励合同与连任选举机制有效结合可以解决这一问题。④

（四）小结

通过对以上三方面文献梳理可以发现，现行独立董事机制在对内部人监督的一些方面发挥了积极作用，然而，关于小股东利益被侵占的实证研究结果显示，独立董事对内部人的有效监督、现行独立董事制度对内部人不公平分配行为的威慑作用以及在提高中小股东投资信任方面还没有起到预期作用。上述一些研究也表明，从改进任免机制角度促进独立董事积极监督是可行的研究方向之一。本书的贡献是，运用实验方法研究声誉激励失效条件下，任免机制及相关因素的改变是否会对独立董事监督产生影响，各种因素的影响效果多大。

二　（董事会）监督机制改进的实验证据

这一部分对利用实验方法研究董事会监督机制的文献进行简单梳理。

Gillette 等（2003）用实验方法检验了具有旨在减轻信息优势的内部人和外部人冲突的董事会投票行为。他们的模型及实验结果都证实，董事会中如果外部董事占多数，即使他们信息上不占优势，但如果他们是值得信任的，那么可以产生制度上更优的结果。此外，他们的模型突出了当董事会存在意见分歧时对内部人惩罚的必要性。González 等（2006）试图检

---

① Rita Kosnik, "Effects of Board Demography and Director Incentives on Corporate Greenmail Decision". *Academy of Management Journal*, Vol. 33, No. 1, March 1990, p. 129.

② Shleifer Andrei and Vishny W. Robert, A Survey of Corporate Governance. *The Journal of Finance*, Vol. 52, No. 2, June 1997, p. 778.

③ Yermack, David, "Good Timing: CEO Stock Option Awards and Company News Announcements". *Journal of Finance*, Vol. 52, No. 2, June 1997, p. 452.

④ Gersbach, Hans, "Incentive Contracts for Politicians and the Down – Up Problem" in M. Sertel and S. Koray eds., *Advances in Economic Design*, Berlin: Springer, 2003.

验 González 博士学位论文中的模型，模型中的董事会由 1 名 CEO 和两名外部董事（A 与 B）组成。投票顺序为，CEO→A→B。在董事的声誉是有价值的情况下，模型认为，B 倾向于效仿 A 的决策。他们的实验结果支持模型的预测，证实了董事会投票的羊群效应。

以上是关于董事会组成对董事行为及决策影响的研究。如何使外部董事与公司（包括股东）利益一致，检验委托—代理理论的实验研究为此提供了一些启示。Cadsby 等（1998）对委托—代理模型、公司购并和股利分配政策的实验研究进行了综述。在 Schotter 和 Weigelt（1992）中，研究假设高级管理者对未来的折现率比股东高，导致他们做出对股东是近视的决策。他们检验了是否薪酬计划可以有助于促使经理人以更低的折现率进行决策，致使其决策与股东利益一致。他们设计了四种薪酬确定方案，结果发现，被试的行为模式与假设相一致。而 Chow 和 Haddad（1991）以及 Lypny（1993）则侧重于研究通过收益函数来改变管理者的风险态度。比较了相对及绝对绩效标准合同对风险承担的效应。绝对绩效标准指薪酬通过一个预先确定的函数确定，而相对绩效标准则规定薪酬部分取决于每局中其他 11 个实验参加者收入的中值。在每一局中，被试者根据环境风险程度（DEU）分别经历风险高与低条件下的决策。在 Holstrom（1982）的理论推理及 Maher（1987）对六个公司的实地实验研究基础上，Chow 和 Haddad（1991）预测面对相对绩效标准合同的被试会比绝对绩效标准合同下的人们做出风险更高的选择，尤其是在环境风险程度较高时。他们的实验结果支持了他们的假设预期，即对于相对绩效标准下的被试，无论环境风险高低，都会选择更具风险的项目。而相对于环境风险低的条件，处于绝对绩效标准合同下的被试，在环境风险高时选择了风险较小的项目。然而，由于他们没有支付被试报酬，因此他们研究发现的信度也受到了质疑。

与本书相似的文献有 Choy 和 King（2006）、King（2001）的著作。在 Berg 等（1995）的信任博弈基础上，Choy 和 King（2006）进行了一个实验，检验了公平理论对于信任恢复的作用。他们的两个主要发现之一与心理学相关文献发现并不一致，他们的结果表明，当投资结果很差时，被试即使知道程序公正，也不能保证投资信任的维系。他们的另一个发现是，当投资者经历有利的投资回报后，公平的程序能够提高信任。他们认为，投资信任的重建不仅取决于公平的制度，也取决于较好的投资效果。

King（2001）设计的实验检验了审计博弈中充当审计者与经理角色的被试间的交流以及组归属感对审计者自我服务偏差形成的影响。他们发现，充当经理角色的被试会使用非可信的交流去诱导审计者被试产生自我服务偏差。而扮演审计者的被试组归属感能够促使履行组内规范社会压力的形成，这时，审计者的自我服务偏差将会被抵消。

总之，大多数实验研究需要将现实中的问题和状况进行抽象，虽然设计上看似抽象简单，但是实验的设计能够抓住主要关注的问题和关键的特征，并且可以控制一些实际不可控的因素，进而分离出各因素的具体影响效果。因此，是利用档案数据进行实证分析方法的有效补充。

现有文献用实验方法主要研究了董事会组成及独立性对董事会决策和风险控制等方面影响，然而，任免机制相关因素与实质独立性或形式独立性如何相互影响进而影响独立董事的监督作用仍然是一个未解决的问题。

三　独立董事任免机制的有效性及影响

Vafeas（1999）认为，董事任命的优劣决定了董事会监督的有效性。尽管在理论上，董事应该由股东任命，然而在实践中，股东只是单纯地批准董事会挑选出的董事候选人。由于这一点，提名过程对任命合适的董事是至关重要的。国内外研究（谢永珍，2005 等）都显示，CEO 参与独立董事的提名会影响独立董事对内部人的监督。因此，这一部分对独立董事任免机制相关研究进行梳理，找出进一步研究的出发点。

（一）内部人控制独立董事提名过程的研究证据

国内外的学术研究都发现了独立董事提名过程受到内部人影响的证据。对国外证据进行梳理可以发现几个重要问题：首先，绝大多数 CEO 都想影响独立董事的选择。1992 年，由国家董事协会发起的一项调查发现，对于提名委员会完全由外部董事构成的提议，600 多名被调查的 CEO 中，大多数人反对这一提议。这表明，CEO 不愿意放弃对董事选择过程的控制。

其次，实证研究结果也显示，独立董事的提名过程受到 CEO 的影响。Mace（1986）、Lorsh 和 Maclver（1989）对独立董事与 CEO 的更换关系研究显示，在美国，由于 CEO 决定着独立董事的提名，独立董事可能因害怕报复而不去弹劾 CEO。Ravina 和 Sapienza（2006）通过对独立董事与公司管理者对所持公司股票买卖交易进行比较，试图发现独立董事所掌握的信息量。他们发现，独立董事购买股票时，可以赚取显著异常的回报，并且在多数情况下与内部人的回报相差无几。在治理非常差的公司，内部管理者与独立董事都得到很高的回报。他们还发现，审计委员会的成员，出席会议更频繁的董事，都拥有更多的信息，即他们从交易股票中得到更多。而且，他们也提到，外部董事并不是在需要监督管理层的关键时候，才拥有全面的信息，而是在内部管理者想让他们获悉信息的时候。他们的发现表明，内部管理者通常能够控制独立董事拥有公司内部信息的程度，进而影响独立董事监督有效性。此外还能发现，独立董事可能会与内部人联合起来从事损害公司和大部分股东利益的行为（如内部人股票交易）。结果还暗示，从股票交易中获得超常收益的独立董事，内部人很可能也对独立董事的提名发生影响。

尽管很多国内学者提出了目前中国独立董事任免方式存在的问题，然而，同国外情况类似，相关实证研究还很有限。申富平等（2007）对独立董事选聘和退出现状进行了调查，谢永珍（2005）的实证结果也表明，中国目前上市公司董事的提名主要由控股股东决定，独立董事并不能真正代表中小股东的利益。① 而唐清泉等（2005）则通过比较两类公司的一些指标分析了独立董事的辞职行为。国内外关于独立董事任免机制的相关实证研究数量不多的原因在于，由于在公司不出现重大事件时，不易观察及度量独立董事监督作用的大小。采用实验方法对此进行研究是一个较好的选择。

（二）内部人参与独立董事提名对公司治理的消极影响

内部人（如 CEO）参与独立董事的提名不仅会影响董事会对管理层的监督和控制，还可能对公众股东信心产生消极影响。

根据 Johnson（1996）的界定，董事会控制职能包括：聘任或解雇 CEO 和其他高级管理人员，制定他们的薪酬，以及监督经理人不侵占股东的利益。CEO 参与独立董事提名很可能影响董事会的控制职能，这可能表现在 CEO 的薪酬过高。关于董事会如何对管理层设定薪酬，经济理论的假设是，独立的董事会将会保护股东的利益，最小化管理层机会主义。这个假设还隐含着外部或独立董事在这方面能够比内部人做得更

---

① 谢永珍：《中国上市公司董事会独立性指数及其实证观察》，《山东社会科学》2005 年第6 期。

好。Main 等（1995）利用小组动态和社会影响的心理学理论，调查了董事会在什么情况下可能被 CEO 影响或控制，导致其薪酬过高，与绩效或经济理论预测值不符。他们的两个实证研究及关于一些描述性证据的述评反映，社会影响导致 CEO 薪酬显著高于经济理论预测值。他们的发现，也说明独立董事的独立性受到影响，导致 CEO 薪酬过高。

CEO 参与独立董事提名对董事会控制职能的影响也表现在独立董事监督经理人不侵占股东的利益方面，例如独立董事对财务报告的监督。Carcello 等（2006）检验了 CEO 干涉董事会成员选择对审计委员会有效性的影响。他们提到，虽然有研究发现独立的审计委员会在监督财务报告和审计过程方面通常是有效的，然而，人们普遍认识到，形式独立（independence in appearance）和实质独立（independence in fact）有明显差别。形式上独立的审计委员会可能实质上并不独立。选举新董事的过程，尤其是 CEO 的作用，会影响审计委员会是否实质独立。由于审计委员会成员是从董事会成员中选出，因此，笔者认为，CEO 参与董事的选择，包括接下来被任命担任审计委员会成员的董事，会降低审计委员会的实质独立性，进而会减弱审计委员会监督财务报告过程的有效性。此外，Shivdasni 和 Yermack（1999）的研究也提供了类似证据。他们研究了 CEO 干涉新董事选举是否会影响董事会任命的质量。他们发现，当提名委员会中包含 CEO 时或不存在提名委员会时，公司任命了更少的独立董事和更多的和公司有利益冲突的灰色董事。虽然独立董事人数增加不一定致使董事会有效性增强，但是，独立董事人数较少及灰色董事的存在无疑会导致董事会监督的弱化。他们认为，降低 CEO 对董事会成员的控制有利于提高董事会的治理效率，并指出了两种实现这一目标的途径，即由在任独立董事提名未来独立董事候选人，或者由机构投资者或公众股东提名董事会成员。

CEO 对董事提名的干涉不仅影响董事会控制功能的有效性，而且还会影响公众股东的信心。Shivdasni 和 Yermack（1999）的研究显示，CEO 参与独立董事提名会对股东信心造成影响。他们发现，当 CEO 参与董事选择时，股价对独立董事任命的反应显著下降。同时，被任命的独立董事在其他董事会服务的可能性也更高。证据表明 CEO 对董事任命施加影响是为了减轻来自独立董事积极监督的压力。

国内类似研究遇到的困难是，由于这类实证研究对独立董事提名过程是否受到内部人的干预，主要以内部董事是否在提名委员会任职，CEO和董事会主席是否两职合一来作为代理变量。尽管国内一些上市公司设立了提名委员会，然而，问题的关键是大部分公司委员会成员的信息披露不详细。这种用代理变量衡量独立董事是否独立的方法本身存在的问题将在后面详细讨论。

（三）独立董事候选人提名改革

政党高层及国家领导者的选举过程中，候选人的提名与选择是关键，各个国家的实践也大不相同。Pennings 和 Hazan（2001）对候选人选择民主化研究和现实状况进行了一个全面的回顾。他们提到，在最现代的民主选举中，政党和投票者的关系正在弱化。政党提高自身受欢迎程度的一种途径是候选人选择民主化。通过扩大对提名和选择候选人的数量，政党强化了成员及投票者的参与感。

与本书关注问题更相关的文献是对董事候选人提名改革的法学研究。Bebchuk（2003）讨论了 SEC 可能提出的一项建议，即上市公司在投票选举董事会成员前，在向股东递交的年度大会资料中应该包括股东提名的候选人。Bebchuk 认为，目前在职的董事并没有面临任何通过投票被替换的实质性风险，因此，使股东有更多机会参与投票是提高董事会问责制踏出的适度一步。Ashby（2005）分析了为解决公司舞弊问题所提出的两项改革措施，其中一项是 SEC 已经提出的独立董事占多数的董事会，而另一项是让股东更容易参与投票，以有利于小股东推举并提名的董事进入董事会。

（四）小结

在上述研究归纳整理基础上，笔者发现，这些学者的研究或是根据经验和观察提出了任免机制问题的存在，或是提供了任免机制存在问题的实证证据及任免方式对董事会控制职能的影响，而进一步的研究着手点和研究方向在以下两个方面：

第一，利用公开数据进行的实证研究对灰色董事的识别有局限，这表现在通过公开数据不能认识某类灰色董事，如独立董事与内部人的私人朋友关系、商业伙伴或是同在一个俱乐部。如互联网上有篇署名为欧斯特（Christopher Oster）的文章中，作者认为，股神毕非德（Warren Buffet，也译为巴菲特）自己公司的董事会实质上不是独立的，举例来看，毕非德的董事会中，有曾经做过他邻居的郭（Donald Keogh，一位前可口可乐管理层）和多年好友墨菲（Thomas Murphy，美国广播公司以及迪斯尼公司的前首席执行官），这些"新人"的加入完成了一个相当惬意（cosy）的董事群，包括老毕的儿子霍华德（Howard）以及其桥牌搭档比尔·盖茨……①中国有关系文化，这类灰色董事也很可能会影响其监督有效性，而实验方法由于可以通过组别因素清晰地区分实质独立与形式独立，并检验独立性的单独影响以及与任免机制的交互作用，因此与利用公开数据所进行的实证方法相比显示了相对优势。

第二，当内部人对独立董事候选人的首次提名和罢免都有着重要影响时，并且内部人与被提名董事有着很难察觉到的人际关系时，如果独立董事的监督决策受到影响，由于这些因素混合在一起同时发生影响，在实证研究中，无法进行分离进而识别出各不同因素具体影响的大小。

此外，他们关于董事任免问题与董事会有效性的研究只涉及了两个方面，即审计委员会的监督有效性和对 CEO 薪酬的制定，而董事会的监督还体现在对 CEO 的任免和公司分给中小股东的回报等方面。

总之，独立董事任免机制中，独立董事的候选人由谁提名？谁来罢免独立董事？罢免程序是有利于大股东或是中小股东、独立董事是否真实独立？成熟的董事人才市场是否有助于独立董事对大股东监督努力水平的提高？现存研究没能有效地解决前述因素如何对独立董事监督产生影响问题。

四　现有独立董事文献与本研究的关系

本书研究问题的提出和确定是在综合专家观点基础上，对上市公司的公司治理实际问题进行观察，并通过对现有独立董事相关文献进行概括、梳理和分析，从而发现此领域现有研究内容和实证分析方法的优势及不足，借助经济学、行为和实验经济学和心理学等学科最新理论研究发现，对任免机制影响独立董事的监督作用进行了理论上的分析，并且依靠实验方法进一步检验任免机制对独立董事监督作用影响的理论假设。

本书是在前人研究基础上，进一步扩展独立董事这一研究领域的现有文献，以期填补现有文献的空白点。

本书研究问题与现有独立董事相关文献的关系如图 2-1 所示。

---

① 唐方方：《网上质疑毕非特的问题》，《信报》2009 年 4 月 27 日第 9 版。

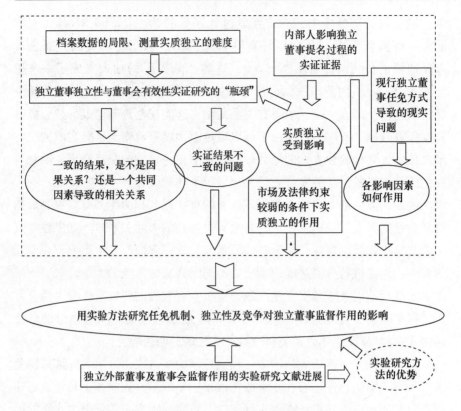

图 2 - 1　通过相关文献分析确定本研究问题的逻辑

第二节　独立董事监督激励的理论基础

传统的法律和经济分析假设促进公司内的合作并抑制机会主义行为。然而，Blair 和 Stout（2001）认为，在许多情况下，法律和市场约束最多提供了规制公司行为的不完美方式。他们提出，公司参与者合作不是因为外在的约束而是因为自我内在的激励。[①] 因此，通过研究任免机制对独立董事监督的内在激励影响以期发现任免机制对其监督作用的影响。

本书认为，社会偏好如利他惩罚和互惠偏好也是独立董事监督的重要

① Blair, M. M. and Stout, L. A., "Trust, Trustworthiness, and the Behavioral Foundations of Corporate Law". *University of Pennsylvania Law Review*, Vol. 149, No. 3, June 2001, p. 1735.

理论基础，尤其是在声誉等外部机制不健全的条件下。因此，本书对上述三个理论进行概括和评述。

内部控制者、外部中小股东和独立董事是本书关注的三方。由于内部人与中小股东之间进行公司利益的分享，独立董事的津贴及其他福利与公司利益如何在前两者之间进行分割无关。Fehr 和 Feschbacher（2004）的利他惩罚博弈中 A、B 与 C 之间的博弈关系可以刻画独立董事与内部人和外部中小股东之间的这种关系。在该研究基础上结合现实问题，本书提出独立董事监督博弈，为任免机制影响独立董事监督作用的理论分析及模型建立做理论基础准备。

一 声誉激励理论

Mui 等（2002）认为，声誉指一个人对另一个人的意图（intention）好坏及规范遵守程度方面的看法。声誉对于提升信任与可信度具有极为重要的作用，长久重复的经济、商业合作关系、网上拍卖交易的活跃（eBay、淘宝等）、促进企业诚信行为等可归为声誉所起的重要作用。

根据 Jensen 和 Fama（1983），独立董事进行监督的这种行为一方面受声誉效应的激励，即独立董事所在公司绩效好可以为独立董事建立良好的声誉威望，因此，声誉激励理论是独立董事监督的理论基础。

（一）声誉与信任

经济学者们对声誉进行了广泛的研究。经济学家亚当·斯密就在《关于公正、警察、税收和军队的演讲》中，曾对不同国家商人的声誉进行了比较。他在书中指出，荷兰人的声誉高于英格兰人，英格兰人的声誉又高于苏格兰人，生活在商业中心的人的声誉高于偏远地区的人。商业的业务量越大，交易频率越高，其声誉作用也就越大。①

多数从经济视角对声誉的研究都与多轮重复博弈相关。囚徒困境博弈和信任博弈常被作为研究对象。局中人的声誉常与博弈合作均衡解的存在联系在一起。经济学家将两个局中人之间的合作作为声誉效应存在的证据（Fudenberg and Tirole，1991）。这种从经济学角度研究代理人声誉机制的理论假设是建立在理性人假设基础之上，认为代理人追求良好声誉是为了获得长期利益，是长期动态重复博弈的结果。

声誉的核心是信任和可信度，信任是人们各种交往的前提。只有通过

————————

① 张维迎：《博弈论与信息经济学》，上海人民出版社 2000 年版。

长期化的努力经营建立良好的信任，才能成功地担当代理人的角色。举例来说，没有良好的职业声誉，就没有人会信任他，把企业交给他去经营，因而，经理人员将不得不结束其职业经理生涯。

（二）声誉关注

声誉（reputation，prestige or status）或地位（status）被视为能够带来一系列回报（rewards）或者展示炫耀（display），也可能同时拥有。可带来回报的声誉意味着一系列特权。地位高使人更可能获得令人期待的物品，这些是身份低的人通常不能得到的。

在一个社会中，非重复交易更普遍，因此，奖励或惩罚由第三方来实现，这被称作间接互惠。Alexander（1987）认为，间接互惠也通过声誉和地位实现。生活中，人们也会发现，慈善机构也意识到良好名声动机的作用，因此，公布捐款者的姓名和资助额是一个通常的做法。

从管理学的视角看，麦克利兰（Mcclland）理论认为，企业家具有一种追求高成就的需要；而马斯洛（Maslow）的需要层次理论也具有很好的解释力，根据该理论，企业家具有一种追求尊重的需要和自我实现的需要。

期望理论认为，如果人们相信存在一种合理的可能性，即他们的努力会带来令人满意的内在或外在奖励，他们就会受到激励并付出努力。[①] 这里内在报酬包括具有挑战性和令人愉快的工作、责任或自尊，外在报酬包括工薪，赞扬和别人的尊敬。

对于独立董事而言，"内在报酬"体现在他们经济行为的创新意识来自于对不断超越的挑战，当独立董事的努力取得了预期效果时，会自发地从内心产生一种成功的喜悦感。这种成功不仅可以得到货币收入上的回报，同时会通过其所在公司的经营业绩的回报率赢得社会的高度评价和尊重。美国学者麦克利兰认为，商人，特别是企业家或经理人员怀有的成就感多于社会中其他可识别的群体。[②]

此外，根据需要层次理论，马斯洛认为，人的基本需要从低级到高级分为五类，即生理需要、安全需要、社交需要、尊重需要和自我实现的需要，独立董事的需要往往更多地集中在后三个层次的需要。这三种需要可

[①] Victor Vroom, *Work and Motivation*. New York：John Wiley & Sons, Inc. , 1964.

[②] McClelland, D. C. , *The Achievement Motive*. New York：Appleton – Century – Crofts, 1953.

以归结为精神需要，在西方企业中以激励方式满足企业家精神需要的表现形式往往以赋予企业家重要的社会地位，以企业家良好声誉和价值观展现出企业的社会形象。[①]

（三）独立董事监督的声誉激励

Fama 和 Jensen（1983）认为，声誉是独立董事实施监督职能的激励。这里的声誉激励指前述的策略性声誉建立激励。Brickley 等（1999）发现，对在位 CEO 来说，退休后在董事会任职是一项激励来源。他们也提供了支持这一假设的证据，他们的研究显示，CEO 退休前的绩效与其退休后两年内在原公司董事会任职或在其他公司任外部董事的可能性之间存在着很强的正相关关系。[②] 这暗示着，没有退休的独立董事也很可能受职业声誉关注及退休后继续任职因素的激励。

二 利他惩罚理论

中国上市公司董事外部机制不健全条件下，仍存在一些以公司整体利益出发进行积极监督的独立董事，本书认为，这种行为的理论基础是利他惩罚偏好。Fama（1980）、Fama 和 Jensen（1983）认为，独立董事进行监督是出于对自身声誉的关注。然而，对第三方惩罚博弈检验的实验研究则表明，排除经济或声誉激励与约束的影响，利他惩罚行为仍显著存在。这说明社会偏好是人类监督行为的基础，也很可能是一些独立董事采取积极监督的激励。

利他惩罚行为被学者们称为间接互惠，性质上可以是一种纯间接互惠，即一种纯粹的利他行为，也可以是一种策略性的声誉建立行为。独立董事代表公司利益对内部人进行监督的行为在本质上也是一种间接互惠行为。实践中，公司内部人对中小股东的侵占行为对后者是不公平的，然而，后者维护自己利益的能力很微弱，这与第三方惩罚博弈中局中人 B 所处的境地是类似的，面对这种不公平的利益侵占行为，一些独立董事能够站出来（尽管这是他们工作职责）维护小股东利益，这里的监督行为部分是受利他惩罚激励的影响。

因此，本书认为，利他偏好理论是独立董事在声誉等机制不完备条件

---

① Maslow, A. H., "A Theory of Human Motivation". *Psychological Review*, Vol. 50, No. 4, July 1943, p. 370.

② Brickley, J., Coles, J. and Linck, J., "What Happens To CEOs After They Retire? New Evidence On Career Concerns, Horizon Problems and CEO Incentives". *Journal of Financial Economics*, Vol. 52, No. 3, June 1999, p. 341.

下实施监督的理论基础,这一部分将主要介绍现有学者对利他这一社会偏好理论所进行的研究。

(一) 社会规范与利他偏好

人类社会的合作倾向以及人类社会现已实现的合作已达到一个很高的水平。在非重复的一次性交易中,人们能够经常同许多毫无血缘或亲缘关系的人进行这样或那样的合作。这种条件下,由于之后没有与对方合作的可能,因此也不存在声誉的激励。而一次交易广泛存在的背后的原因就是人类社会规范的存在。

社会规范是一种不成文的规则,通过非正式的社会制裁或惩罚执行的行为标准。人类存在于社会规范之中。社会规范对个体行为有着强大的影响,对社会与经济组织的运行起着重要作用,是这些组织的重要特征,因此,清楚了解社会规范对促进人类合作有着重要意义,而这需要从社会偏好理论谈起。

社会偏好理论关注人类的公平及互惠等非自利偏好。互惠或非均等规避偏好模型假定,人们不仅关心自身的绝对收益,还关注与他人相比的相对收益。Fehr 和 Schmidt (1999)、Bolton 和 Ockenfels (2000) 利用数学工具和实验方法从分配结果是否公平的角度对社会偏好进行理论模型上的构造和分析。其中,Bolton 和 Ockenfels (2000) 的模型被简称为 ERC (Equity, Reciprocity and Competition) 模型,该模型提出,个人不仅被绝对收益驱使,也被相对收益所激励,并从互动对方的意图判断其行为是否友好,将这种考虑加入模型对解释人们行为具有很大影响。另一类观点则把其他参与者的行为考虑到模型中并作出评价,比如 Rabin (1993) 的模型,他们以心理博弈为基础建立了基于结果公平考虑的"互惠"模型,并提出了"公平均衡"(fairness equilibrium) 的概念,质疑了标准效用理论自身收益最大化的观点。综观该领域的文献,都不约而同地表达了与传统自利偏好具有鲜明差异的对立立场,即经济人不仅关心自身的物质利益,也会关心他人的经济收益,社会偏好也是经济人效用函数的一个重要组成部分。具体而言,社会偏好又可以大体细分为三种偏好,即互惠偏好、不平等规避偏好及利他偏好。①

① 陈叶烽、叶航:《基于相关实验的社会偏好理论综述》,2008 年 4 月 1 日,http://www.icsszju. net/show_ hdr. php? xname =07K2911&dname =0TVDB11&xpos =115,2009 年 6 月 8 日。

实践与研究均显示，人们经常回报他人合作及遵守群体规范的行为，惩罚那些违反社会规范的人。① 这种强互惠行为（包括利他惩罚和利他回报）在人类合作的进化发展中占有极其重要的地位。②③④

利他惩罚作为社会规范的一个重要方面，可以追溯至人类社会发展的初期。在没有建立一套现代法律制度（由警察和法官对违反规范的行为进行惩罚）之前，社会规范是通过其他手段或方式实现的，个体制裁或个体惩罚就是其中之一。当制裁或惩罚违规个体行为在给其他个体带来经济利益，同时，却给实施惩罚的个体带来成本，这种惩罚被认定是利他的。例如，对经济交易中的欺诈行为实施监督、制裁或惩罚，一方面，会使未来的交易对象受益，原因是欺诈者更加意识到欺诈行为会受到惩罚，而这种意识很有可能防止未来更多欺诈行为的发生⑤；另一方面，惩罚本身需要惩罚者的经济成本或时间成本，因此，这里的惩罚行为就是利他的。概括而言，利他行为对实施惩罚行为的人来说需要成本，而且这一惩罚行为并没有立即产生收益。

利他偏好和行为的动因是人们感兴趣的问题之一。实验已证明人的非自利行为是客观存在的，目前主要问题是要解释：人的非自利行为是由什么因素驱动的，这些因素如何影响决策。有一种观点认为：动物的利他行为是为了使后代的基因中保持更多自己的基因，从本质上是利己的，因此人的利他行为也可以归结为某种自利的偏好衍生出来的行为。但这种解释并不能令人完全信服。20世纪70年代后，随着实验成果的增加，人们认为除了利己偏好之外，利他也是人类的一种基本偏好，并不是利己偏好的衍生物。目前，主要是国外的学者对利他行为的动机很感兴趣并不断地进行探索研究。关于人们为什么在没有物质补偿的情况下还愿意惩罚那些违反公共规范的人的原因，Fehr（2004）认为，人类也许可以从惩罚违规者

---

① Fehr, E., Fischbacher, U., "The Nature of Human Altruism". *Nature*, Vol. 425, No. 23, October 2003, p. 786.

② Boyd, R., Gintis, H., Bowles, S. and Richerson, P. J., "Evolution of Altruistic Punishment", Proceedings of the National Academy of Sciences of the United States of America, Vol. 100, No. 6, March 2003, p. 3531.

③ Fehr, E. and Gachter, S., "Altruistic Punishment in Humans". *Nature*, Vol. 415, No. 6868, January 2002, p. 137.

④ Sober, E., Wilson, D. S., *Unto Others: The Evolution and Psychology of Unselfish Behavior*. Cambridge, MA: Harvard University Press, 1998.

⑤ Ibid..

这一行为本身获得满足。一些文献也支持了这个假设。首先，最新的社会偏好模型所定义的效用函数包含了对违反公正和合作规范的惩罚愿望。①②③ 这些模型能比自利模型更好地解释实际行为，支持人们有愿望或欲望去惩罚违规行为的看法。其次，最新的人类合作进化模型也表明，利他惩罚行为有着长远的进化基础。④⑤ 它支持现今导致人类承担惩罚违反规范者成本的机制是进化而来的观点。利他惩罚行为不是一种像食物消化一样的身体自动反应机能，也不是一种出于深思熟虑、有明确目的的行为，人们只是有惩罚的欲望。这种典型的靠欲望诱导出行为的相关机制，说明人们会从这种行为本身获得满足。事实上，大多数人在发现违反规范的行为未得到惩罚时会觉得不舒服，而一旦公正得以维护他们会感到轻松和满意。

（二）利他惩罚的生物进化基础

对利他行为进化理论权威解释首推桑塔费研究院的萨缪·鲍尔斯（Samuel Bowles）和赫伯特·金迪斯（Herbert Gintis）教授的观点。他们认为，人类的利他行为以及合作行为，可能是人类在漫长进化过程中形成的一种特定的行为模式。当严酷的生存竞争迫使人类把合作规模扩展到亲缘关系以外，而普遍存在的单次囚徒困境又无法促使互惠行为产生时，由基因突变产生的强互惠或利他惩罚可以在完全自私的人类群体中出现，这样有效维护族群内部的合作规范，显著提高了族群的生存竞争能力。为了证实他们的假设，桑塔费研究院研究人员通过计算机仿真技术，模拟了距今 10 万—20 万年以前游猎—采集社会的人类生活，他们的实验结果支持了他们的观点。⑥

鲍尔斯和金迪斯在《强互惠的演化：异质人群中的合作》（Bowles and

---

① Fehr, E., Fischbacher, U., "The Nature of Human Altruism". *Nature*, Vol. 425, No. 23, October 2003, p. 788.

② Rabin, M., "Incorporating Fairness into Game Theory and Economics". *American Economic Review*, Vol. 83, No. 5, December 1993, p. 1281.

③ Camerer, F., *Behavioral Game Theory: Experiments in Strategic Interaction*. Princeton, NJ: Princeton University Press, 2003.

④ Boyd, R., Gintis, H., Bowles, S., and Richerson, P. J., "Evolution of Altruistic Punishment". *Proceedings of the National Academy of Sciences of the United States of America*, Vol. 100, No. 6, March 2003, p. 3530.

⑤ Fehr, E. and Gachter, S., "Altruistic Punishment in Humans". *Nature*, Vol. 415, No. 6868, January 2002, p. 138.

⑥ 叶航等：《作为内生偏好的利他行为及其经济学意义》，《经济研究》2005 年第 8 期。

Gintis，2004）中，详细介绍了关于他们的计算机仿真实验的过程和结论。依据考古学和古人类学对远古社会特点的发现，Bowles and Gintis（2004）的计算机仿真实验设定了如下条件：

第一，族群规模不是很大，成员之间可以相互观察各自行为并互动；

第二，不存在社会权威，社会规范的维护依赖个体的参与；

第三，族群不是建立在亲缘关系基础上，不能用亲缘或血缘解释可能出现的利他行为；

第四，个体间存在较小的地位差异，族群成员的分类主要依据行为特征而不是身份；

第五，个体或群体劳动获得的食物或用品都在族群成员间进行平均分配；

第六，个体不储存食物或积累资源；

第七，驱逐是族群内部进行惩罚的主要形式，个体可以用逃离族群的方法躲避更为严厉的惩罚措施；

第八，族群中的个体行为存在小概率变异的可能。[①]

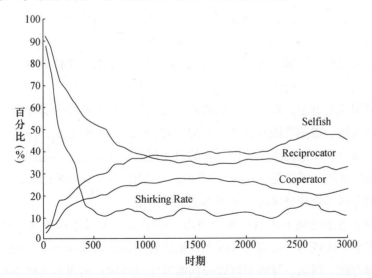

图 2 - 2　计算机仿真

资料来源：Bowles and Gintis，2004，The Evolution of Strong Reciprocity：Cooperation in Heterogeneous Populations. *Theoretical Population Biology*，2004（65）。

<hr />

[①]　Bowles and Gintis，"The Evolution of Strong Reciprocity：Cooperation in Heterogeneous Populations". *Theoretical Population Biology*，Vol. 65，No. 1，Feburary 2004，p. 17.

图 2 - 2 是 Gintis 和 Bowles（2004）研究中计算机仿真行经 3000 代演化均衡的动态过程。① 演化均衡的动态过程表明：仿真的初始阶段，自私者在社会中处于主导地位，逃避合作的偷懒者比例（Shirking Rate）接近 90%；其后，由于突变，强互惠者出现，合作者人数开始增加，平均偷懒率则迅速降低；大约经过 500 期，偷懒率下降到大约 10% 的水平，而强互惠者和合作者在族群中的比例持续上升；在其后大约 2500 代内，族群中三类人群的比例及其平均偷懒率基本维持在一个稳定水平。②

介绍社会规范的生物进化理论基础后，再来探讨利他惩罚的重要性。其重要体现在，从利他行为的神经元基础和生物进化及遗传学理论基础可以发现，利他惩罚是符合人类进化的行为偏好，它保证了社会规范的执行，促进了人类生存、合作和发展。

独立董事作为公司内部控制者及外部中小股东之外的第三方对内部人的监督，除了声誉激励与约束因素之外，也包含了人类利他惩罚的因素。虽然独立董事对于公司内部人的监督是需要代价的，但这种监督行为以及独立董事所起到的一定的威慑作用对于上市公司本身以及公司当前的小股东以及潜在小股东而言是有益的，可以提高小股东的信任，因此，这种行为在某种程度上是利他的，尤其是在中国独立董事积极声誉激励不足的情况下，独立董事如果能够积极监督，很大程度上是由于利他偏好的激励。

（三）职业道德的利他偏好理论基础

所谓职业道德，就是同人们的职业活动紧密联系的符合职业特点要求的道德准则、道德情操与道德品质的总和。③ 职业道德是指一种被普遍认为是从事一种职业的人士应该遵守的道德规范。在职业上不能用不正当手法去谋取利益，不接受不应接受的利益，不能泄露工作上的隐私，在面对雇主或上司不合理要求时，必须本着良知拒绝。④

职业道德的例子包括：地产代理、经纪人不可以抬高价格，诈骗客人；医生不应该为了提高自身收入而给患者制定价格高却非最佳的治疗方案；旅行社、领队、导游不可以强逼游客定点购物；出租车司机不可以绕

---

① Bowles and Gintis, "The Evolution of Strong Reciprocity: Cooperation in Heterogeneous Populations". *Theoretical Population Biology*, Vol. 65, No. 1, Feburary 2004, p. 18.

② 叶航等：《作为内生偏好的利他行为及其经济学意义》，《经济研究》2005 年第 8 期。

③ 参考百度百科对职业道德的定义。

④ 参考维基百科。

远、多收车资。而公务员、董事、职员等不可以贪污受贿。

　　了解职业道德和利他激励以及利他行为之间的关系需要从认清职业道德本质入手。对职业道德定义的基础，可以从社会科学和道德文献中进一步了解与利他相关的职业道德本质。早期观点认为，尽管人的自利性和利他激励之间存在着冲突，但职业道德是对美德、道德及服务贡献的信仰，其本质是鼓励和采取利他行为。现代观点认为，第一，由于职业者掌握常人不具备的专业知识，因此他们在拥有垄断特权的同时也负有义务。第二，使用专业知识以利他的方式服务于个人和社会。第三，由于专业知识的不易获取以及职业需要利他行为的投入，职业者的管理者需要制定实践和自我规制标准。① Abraham Flexner（1915）关于职业的六个标准之一是，职业是需要日益利他，目标是满足社会需要而不是保护自身利益。②

　　根据以上分析，独立董事的职业道德要求独立董事从公司整体利益出发，在确保公司决策利益最大化的同时保证利益的公平分配，如果独立董事出于职业道德进行积极监督，虽然这种行为在本质上不一定是基于直接的利他偏好，却是一种利他行为，从某种意义上，这种出于职业道德的行为也可以被认为是基于间接的利他偏好。

三　互惠偏好理论

　　传统经济理论的自利偏好假定无法解释人类生活中存在的许多"非物质动机"和"非经济动机"现象，如回报帮助过自己的人，即使这种行为会减少自身福利。社会偏好如互惠偏好理论的提出解决了上述问题。

　　互惠行为可以被界定为人们对友善或非友善行为的一种行为反应，一种行为越被视为友好或不友好，则它越有可能被回报或者惩罚。而在互惠性偏好模型中，一方是基于他对另一个人是否公正对待他的信念，来增加或降低另一方的收益。③

　　礼物交换是人类文明中最早的互惠形式，对礼物交换的研究也就是互惠理论形成的开端。④ 古德纳认为，在分析互惠时，应讨论交易双方的价

---

　　① Richard L. Cruess, Sylvia R. Cruess and Sharon E. Johnston, "Professionalism: An Ideal to be Sustained". *The LANCET*, Vol. 356, No.9224, July 2000, pp. 156 – 157.

　　② Flexner, A., "Is Social Work a Profession?" Proceedings of the National Conference of Charities and Correction, 42nd Annual Meeting, Baltimore: May12 – 19, 1915, p. 581.

　　③ 董志勇、黄必红：《行为经济学中的公平和互惠》，《经济理论与经济管理》2003 年第 11 期。

　　④ 杨丽云：《人类学互惠理论谱系研究》，《广西民族研究》2003 年第 4 期。

值对等和送礼与还礼之间的时间问题。萨林斯认为，互惠有三种类型：普适性互惠、均等互惠和负向互惠。① 首先，普适性（generelized）互惠是一种不计算价值、不明确报偿时间的交换。家庭内实行的就是这种互惠，父母抚育子女，不立即要求或根本就没有想到得到回报。一般来说，这类互惠发生在亲缘或关系密切人当中，即在最小的社会距离内的家庭和家族中。而均等（balanced）互惠是要求价值相当、报偿时间明确的交换，即有明显的回报期望。通常来说，均等互惠发生在社会距离中等范围的群体中，如远亲或非本地的部落成员，处于同一世系部落社会的亲属关系和政治组织的中间社会距离位置的人。负向（negative）互惠指为自己的利益而要占别人便宜的交换。它发生在社会距离更大的人际关系中，比如陌生人、敌人、竞争者，物质利益是唯一的交易动机。包括讨价还价、使用诡计欺骗，极端使用暴力。这时社会交换的目的是为获得对方的物质利益。

个体之间的互惠在自然界普遍存在。在丛林中，当一些鸟在察觉到捕食它们的飞禽出现时，会发出警示的叫声提醒同伴逃避，但是，因这种提醒使自己处于危险境地。瞪羚在发现敌人时，会通过跳跃向同伴发出信息，而使自己暴露在捕食者面前。提示同伴存在危险的鸟类叫声和瞪羚的跳跃看上去好像都是自我牺牲行为。但是，这些行为实际上也是个体的一种生存策略。② 又如，非洲有一种蝙蝠以吸食其他动物的血液为生。它们连续两昼夜吃不到血就会饿死。有时，为了反哺那些濒临死亡的同伴，一些刚刚饱餐一顿的蝙蝠往往会把自己刚吸食的血液吐出一些，尽管它们之间没有任何血缘关系。但是，生物学家们发现，事实上，这种行为遵循一个严格的游戏规则，即蝙蝠不会继续向那些"知恩不报"的个体馈赠血液。③ 生物个体帮助另外一个与己毫无亲缘关系的个体是因为它们期待日后得到回报，以获取更多"收益"。

显然，自然界存在这类行为是一种典型的"互惠"行为。根据边际效用递减规律，当"施惠者"和"回报者"互惠时，同样数量的血液将

---

① 阎云翔：《礼物的流动》，上海人民出版社 2000 年版，第 7 页。

② 刘鹤玲：《互惠利他主义的博弈论模型及其形而上学预设》，《自然辩证法通讯》1999 年第 6 期。

③ Wilkinson, G., "Reciprocal Food Sharing in the Vampire Bat". *Nature*, Vol. 308, No. 5855, March 1984, p. 181.

产生更大的边际效用。不过由于"施惠"和"回报"行为存在时间差，从而使这种期权式的"投资"具有更大的不确定性风险。因此，互惠行为必然存在于一种较为长期的合作博弈关系中，而且还要求形成某种"识别机制"，以便抑制个体的"机会主义"倾向。①

如上所述，独立董事工作中不仅仅受自利偏好的影响。由于独立董事与上市公司中内部控制人如大股东或总经理之间存在着工作关系，因此，两者之间是一种多轮博弈的关系，进而，独立董事的行为及决策以及其对后者的监督很容易受互惠偏好的消极影响。此外，在中国现存任免机制及投资者保护相关机制下，独立董事与中小股东的关系不如前者与大股东或CEO 的关系紧密，因此，两者间的互惠偏好对独立董事的监督作用影响较弱。

四 第三方惩罚博弈与独立董事监督博弈的提出

建立概念模型实际上是忽略与问题无关、对问题影响很小的次要因素，抓住主要因素，认清问题的本质，利用理想化的概念模型解决实际问题。因此，本书在把握现实问题本质基础上，构建及提出独立董事监督博弈模型，这一模型是本书后续理论分析、实验和调查检验所依据的基础。

这一部分首先介绍 Fehr 和 Fischbacher（2004）（简称为 F&F）利他惩罚博弈（通常也被称为第三方惩罚博弈）② 的基本信息，然后分析现实中声誉机制失效条件下上市公司内部人、独立董事和中小股东三方之间的博弈关系，最后在 F&F 第三方惩罚博弈基础上提出本书的一个概念模型——独立董事监督博弈模型。

（一）F&F 第三方惩罚博弈

F&F 第三方惩罚博弈是 Fehr 和 Fischbacher（2004）设计的授予第三方惩罚权力的独裁者博弈（dictator game）（Fehr and Fischbacher，2004）。在这个博弈中，三个局中人分别为 A、B 和 C，他们之间的博弈关系如图 2 – 3 所示。

---

① 叶航：《利他行为的生物学和经济学解释》，《经济学人》2005 年第 3 期。
② 本书提到的第三方惩罚博弈如果没有特别说明，均指存在第三方惩罚可能的独裁者博弈。

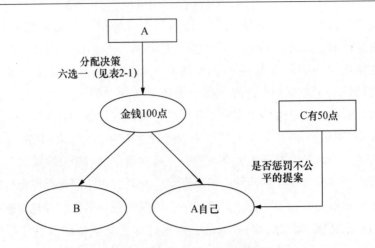

图 2 - 3 第三方惩罚的博弈关系

资料来源: Fehr and Fischbacher (2004)。

在上述博弈中，局中人 A 拥有在自己及 B 之间进行分配 100 单位财富的决策权，A 有 6 种决策方案可以选择（见表 2 - 1，六选一），B 只能被动接受 A 的任何分配方案，A 知道 B 的存在及行为能力。而 C 拥有 50 单位的财富，C 在没有观察到 A 的分配方案之前，有针对 A 的 6 种可能方案对 A 进行惩罚的权力。然而，惩罚 A 需要成本，即 C 花费的每一单位成本可以使 A 相应地减少 3 个单位的财富。A 也知道 C 的存在和惩罚权以及 C 如果惩罚需要承担一定成本的这一事实。[①]

传统经济学中的自利人假设预期，由于惩罚需要成本而不能增加 C 的经济收益，因此，C 选择保留自己最初所获得的禀赋进而选择不惩罚。而 A 预期到 C 的选择，将会最大化自己的经济收益，而给 B 最少的份额，即 A 会分给自己 100 点，而分给 B 0 点。

（二）独立董事监督博弈

根据现实独立董事与股东的监督关系，提出本书独立董事监督博弈。

上市公司中，主要利益主体包括拥有公司控制权的内部人（大股东董事或 CEO）、外部中小股东和独立董事。尽管声誉对独立董事监督有重要作用，由于中国资本市场、高级管理者人才市场的不完备性，本

---

① Ernst Fehr and Urs Fischbacher, "Third - party Punishment and Social Norms". *Evolution & Human Behavior*, Vol. 25, No. 2, March 2004, p. 70.

表 2-1　　　　　　　　第三方惩罚博弈中 A 的决策选择方案

A 的 6 种分配方案	A 分给自己	A 分给 B
1	50	50
2	60	40
3	70	30
4	80	20
5	90	10
6	100	0

资料来源：Fehr 和 Fischbacher（2004）。

书关注的主要问题是独立董事任免机制对其监督作用的影响，因此，为了便于研究，本书通过实验方法对这些非任免机制相关因素的自变量进行了控制。这样，上述三方利益主体的基本博弈关系与 F&F 第三方惩罚博弈中局中人的博弈关系是一致的。

　　法律上小股东对投入公司的资金拥有收益权，然而内部人掌握着分配利润的权力，这与第三方惩罚博弈 A 对财富的分配权是一致的。现实中，由于诉讼及保护小股东的其他机制不完善，小股东一般只能采取用脚投票的方式来反抗，这与第三方惩罚博弈中 B 的情形是类似的。而独立董事这个职位给独立董事带来的声誉及财富（多数公司，独立董事薪酬只是车马费，财富的激励是微弱的）等好处类似于第三方惩罚博弈中 C 得到的最初禀赋。同时，独立董事对内部人进行积极监督是需要成本的，具体包括：得罪公司内部高级管理者，将导致朋友或商业伙伴关系的破裂，也可能失去未来被该公司再次提名为独立董事的机会，或可能由于"好事的积极监督者"的名声而失去潜在被其他公司邀请为外部董事的机会，这与 F&F 的第三方惩罚博弈中第三方进行惩罚需要成本的设计也是一致的。因而，在 Fehr 和 Fischbacher（2004）研究的基础上，本书提出了独立董事监督博弈。

　　在本书研究的独立董事监督博弈中，内部人、外部中小股东及独立董事三方的决策和禀赋以及博弈关系参照 Fehr 和 Fischbacher（2004）第三方—独裁者（TP - DG）博弈的参数设计，具体如图 2 - 4 所示。此外，本研究的进一步实验设计也以此基本博弈关系为基础。

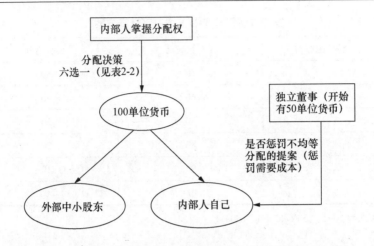

图 2 - 4　独立董事监督博弈中局中人决策关系

资料来源：笔者在借鉴 Fehr 和 Fischbacher（2004）的基础上设计。

　　此外，在本书设计的独立董事监督博弈中，笔者选择与 Fehr 和 Fisch-bacher（2004）的设计基本相同的参数设置，例如，A 和 B 的初始禀赋为 100 点，此外，关于如何在外部中小股东与内部人之间分配 100 点这一问题，参照 F&F（2004），这里，内部人也有 6 种选择，如表 2 - 2 所示。

表 2 - 2　　　　　　　　　内部人的 6 种分配方案

内部人的 6 种分配方案	内部人分给自己	内部人分给外部中小股东
1	50	50
2	60	40
3	70	30
4	80	20
5	90	10
6	100	0

资料来源：笔者在借鉴 Fehr 和 Fischbacher（2004）的基础上设计。

第三章　任免机制、独立性与竞争对独立董事监督作用的影响：理论分析及模型构建

本章基于经济学中的自利人假设、激励理论和社会偏好理论以及行为经济学、心理学、生物学等各学科的相关理论发现，分析外部机制不完备条件下中国独立董事监督作用发挥的理论依据及局限，以及不同任免方式及其他相关因素对独董监督作用的影响，进而提出相关假设并构建本书理论模型。

第一节　中国独立董事监督的内在激励分析

由于中国声誉机制的不完备性以及独立董事任免机制设计不当导致的声誉激励扭曲，独立董事监督行为的理论基础受到挑战。这种条件下，一些积极监督的独立董事的存在暗示独立董事监督行为的社会偏好基础。由于独立董事监督博弈中扮演独立董事角色的局中人的是由实验者通过随机方法确定的，是外生的，并且，由于通过实验设计对其他影响因素的控制，实验完美生成了声誉激励不存在条件下的一种独立董事实质独立状态。通过这一基础实验条件，可以检验排除任免机制影响条件下以及独立董事人才市场、惩罚机制及媒体等不完善前提下，实质独立的作用。

根据前一章的内容，Fama 和 Jensen（1983）认为，理论上，独立董事作为独立的第三方，基于对声誉激励的关注，选择对上市公司内部人进行监督，使公司决策与公司利益特别是股东中弱势群体中小股东的利益一致。面对拥有控制权的内部人为了个人私利而损害中小股东利益而提出的议案，在声誉激励机制不完备条件下，独立董事是否会进行积极监督与控制，即监督行为的社会偏好激励是否显著呢？

本书提出的独立董事监督博弈中，参数设置与 Fehr 和 Fischbacher（2004）等文献中的第三方惩罚博弈一致，独立董事的监督与惩罚是需要成本的，即独立董事花费 1 单位成本可以减少不公平的内部人（分配方）3 单位的收入。基于传统经济学对人的假设，由于人是自利的，内部人的决策无论是否公平，其决策都不会影响独立董事的所得收益。同时，由于积极监督和实施惩罚需要成本，这里成本函数 $C(x)$ 是线性的，$C(x) = x(0 \leqslant x \leqslant F,\ F$ 为独立董事的初始禀赋)，独立董事的净收益函数为，$y = F - C(x) = F - x$。可以发现，y 是 x 的递减函数。由于，当 $x = 0$ 时，$C(x) = 0$，y 最大，因此，根据传统经济学关于人的自利性的假设，独立董事不付出任何成本时自身收益最大，即独立董事不监督也不惩罚内部人时能够实现自身收益最大化。利用倒推法进行分析可以发现，博弈均衡时，自利人假设预期博弈局中人独立董事由于选择不惩罚（$x = 0$），内部人预期到这一点，选择使自己收入最大化的方案，此时，中小股东得到 0。综上所述，基于传统经济理论对人的假设，作为第三方的独立董事会选择不监督，而公司内部人预期到这一点，选择最大限度剥夺中小股东的利益。

通过自利人假设进行进一步推导，独立董事监督博弈的均衡解为，独立董事不监督，其对所有方案的惩罚点数都一样，即 $x = 0$，这时，内部人、中小股东和独立董事三方最终点数分别为（100，0，50）。

因此，基于传统经济理论的分析，这里提出如下假设：

假设 1a：在声誉等机制不完备情况下，基于自利人假设，独立董事选择对内部人进行消极监督或不监督。

国外学者通过大量实验对这类博弈进行检验，结果发现，在不存在声誉激励的条件下，群体中进行惩罚的第三方所占比例是显著的，同时，分配方选择最不公平方案的情况也不是普遍的。分配方选择相对公平提案的比例是可观的。如 Fehr 和 Fischbacher（2004）的实验结果发现，大约有 2/3 的第三方对独裁者博弈中违反公平分配规范的行为实施了惩罚，并且分配方案越不公平，惩罚越高。而在存在第三方的囚徒困境博弈中，大约 60% 的第三方对违反合作规范的行为进行了惩罚。

Charness 等（2006）也检验了信任博弈中第三方惩罚的作用，并发现了这一效应显著存在的证据。Falk 和 Fischbacher（1999）、Fehr 和 Schmidt（1999）、Levine（1998）的社会偏好模型都支持第三方惩罚存在的合理性。

Levine 模型中局中人的效用函数为：

$$U_i = x_i + \sum_{j \neq i} x_j (\alpha_i + \lambda \alpha_j) / (1 + \lambda)$$

式中，$0 \leqslant \lambda \leqslant 1$，$-1 < \alpha_i < 1$。[1]

Levine（1998）认为，最后通牒博弈（ultimatum game）和公共物品（public googds）等实验中，实验结果偏离均衡解的现象并不是均衡理论的失败，而是理论所依赖的自利人假设存在问题。因此，Levine（1998）的模型克服了这一问题，该模型的假设是，存在一些具有如下偏好的人，他们愿意损失一些成本而惩罚自私或有恶意的偏好的个体。[2] 例如，在第三方——独裁者博弈中，独裁者选择分给另一方较少份额的财富暗示了独裁者的自私或恶意的偏好，因此，具有 Levine 类型偏好的第三方愿意惩罚转移较少金钱的独裁者。在独立董事监督博弈中，当内部人选择分配较少或不分配利润给中小股东时，具有 Levine 偏好的独立董事由于内部人的自私偏好而选择对内部人不公平行为进行惩罚。

Falk 和 Fischbacher（1999）、Fehr 和 Schmidt（1999）的模型也预测了第三方惩罚行为的存在。这些模型的前提假设是，一些局中人愿意支付一些成本以减少自己所得与其他人所得的差异。[3] 如 Fehr 和 Schmidt（1999）的模型中，局中人的效用函数为：

$$U_i(x_1, \cdots, x_N) = x_1 - [\alpha_i / (N-1)] \max \sum_{j \neq i} \{x_j - x_i, 0\} - [\beta_i / (N-1)] \max \sum_{j \neq i} \{x_i - x_j, 0\}$$

式中，$\beta_i \leqslant \alpha_i$。[4]

模型等式右侧第二项代表了决策者自身的收益低于其他人收益时收益差距对决策者产生的负效用，第三项是决策者高于其他人收益的部分所带来的负效用。一般情况下，后者的负效用小于前者。存在第三方的独裁者博弈中，由于独裁者选择非公平分配方案时，独裁者所得高于第三方所得，并且，第三方所得也高于接受方所得，这时，第三方对独裁者的惩罚

① David K. Levine, "Modeling Altruism and Spitefulness in Experiments". *Review of Economic Dynamics*, Vol. 3, No. 1, Feburary 1998, p. 597.

② Ibid. , p. 594.

③ Falk, A. and Fischbacher, U. , "A Theory of Reciprocity", Working paper No. 6, University of Zurich, 1999.

④ E. Fehr and K. M. Schmidt, "A Theory of Fairness, Competition, and Cooperation". *Quarterly Journal of Economics*, Vol. 114, No. 3, August 1999, p. 817.

降低了两者之间收益的差距，并且由于惩罚需要成本，这也减少了第三方与分配方案的接受方所得的差距。同理，独立董事监督博弈中，虽然独立董事的收益不受内部人决策影响，但是，内部人通过掠夺中小股东利益而独占公司全部或大部分收益时，具有 F&S 偏好的独立董事由于自身与内部人收益差距的加大，以及自身与中小股东收益差距的加大所产生的负效用而使自身总效用降低，这样，具有此偏好的独立董事会选择积极监督并惩罚不公平的内部人。

根据 Fehr 和 Schmidt（1999）的效用函数模型进行推导，当该效用函数中的负效用项为 0（即收益之差为 0）时，决策者的总效用最大。在独立董事监督博弈中，具有 F&S 模型偏好的独立董事，面对内部人的公平分配方案，他们选择的惩罚点数 x 以及在这种方案下三方各自最终所得的均衡解为：$x=0$，（内部人、中小股东、独立董事）=（50，50，50）。

对于其他内部人的非均等分配方案，由于效用函数的系数未知，这里考虑两种极端情况。其中，当 $\beta_i=0$，$\alpha_i>0$ 时，第三项的系数为 0，只考虑第二项的负效用对总效用的影响，即独立董事使自己与内部人收益之差为 0 时，可以使效用函数第二项为 0，这样，对于 2—6 号分配方案，独立董事惩罚点数以及局中人三方（内部人、中小股东、独立董事）最终收益的均衡解分别为：

方案 2：$x=5$（45，40，40）

方案 3：$x=10$（40，30，40）

方案 4：$x=15$（35，20，35）

方案 5：$x=20$（30，10，30）

方案 6：$x=25$（25，0，25）

F&S 效用函数模型中系数 $\beta_i=\alpha_i$ 是另一种极端情况。这时，函数中两个负效用项尽可能小的同时保证增大正效用项时，可以使决策者的总效用实现最大化。在本书的独立董事监督博弈中，以方案 2 为例，独立董事的效用函数为：$U(x)=50-x-\alpha_i/2[(60-3x)-(50-x)]-\beta_i/2[(50-x)-40]$，当 $\beta_i=\alpha_i$ 时，求该函数的一阶导数，$\dfrac{\mathrm{d}U}{\mathrm{d}x}=3/2\alpha_i-1$，因此，当 $U(x)$ 的一阶导数为 0 时，即 $\beta_i=\alpha_i=2/3$ 时，独立董事的总效用最大。因此，对于 2—6 号分配方案，独立董事惩罚点数及内部人、中小股东、独立董事三方最终收益的均衡解分别为：

方案 2：$x = 7$（40，40，43）

方案 3：$x = 13$（30，30，37）

方案 4：$x = 20$（20，20，30）

方案 5：$x = 27$（10，10，23）

方案 6：$x = 33$（0，0，17）

综上所述，基于人类社会偏好相关理论所进行的上述理论分析提出如下假设。

假设 1b：在声誉等机制不完备情况下，相当一部分独立董事会对不公平的分配方案会进行惩罚。

这些没有声誉激励的第三方惩罚的证据是基于西方国家进行的经济学实验的发现。一些关于人类经济判断及行为的跨文化研究结果表明，文化是影响人们判断及行为决策的重要因素，不同文化下人们的一些决策及行为有时相差很大。美国人和南斯拉夫人的分配额高于日本人，而日本人高于以色列人。[1] Henrich（2000）报告了秘鲁亚马逊地区 18—30 岁的青年与美国加州大学洛杉矶分校的学生在最后通牒实验中的行为差异，前者的分配额低于后者。[2] Henrich 等（2001）在 15 个不同社会进行的最后通牒实验结果显示，被试的决策存在显著差异。[3]

也有学者认为，文化有时并不是促使不同群体判断、决策及行为差异产生的原因。例如，同样是最后通牒博弈，Okada 和 Riedl（1999）并没有发现维也纳和京都两个城市被试在分配或是拒绝比率方面的差异。[4] Brandts 等（1997）在西班牙、日本、荷兰和美国进行的公共物品实验结果显示，四国被试的决策并无显著差异。Kachelmeier 和 Shehata（1992）利用 BDM 方法诱导出美国、加拿大和中国三国学生的风险态度，发现三

① Roth, A. E., Prasnikar, V., Okuno – Fujiware, M. and S. Zamir, " Bargaining and Market Behavior in Jerusalem, Ljubljana, Pittsburgh and Tokyo: An Experimental Study". *American Economic Review*, Vol. 81, No. 5, December 1991, p. 1068.

② Henrich, J., "Does Culture Matter in Economic Behavior? Ultimatum Game Bargaining among the Machiguenga of the Peruvian Amazon". *American Economic Review*, Vol. 90, No. 4, September 2000, pp. 973 – 979.

③ Henrich, J., Boyd, R., Bowles, S., Camerer, C., Fehr, E., Gintis, H. and McElreath, R., "In search of homo economicus: Behavioral experiments in 15 small – scale societies". *American Economic Review*, Vol. 91, No. 2, May 2001, p. 73.

④ Okada, A. and A. Riedl, "When Culture Does Not Matter: Experimental Evidence from Coalition Formation Ultimatum Games in Austria and Japan". Tinbergen Institute Discussion Papers, 1999.

国被试的选择并无差异。① 此外，尽管 Buchan 等（1999）、Roth（1991）都发现了最后通牒实验结果的国别差异，他们也都同样选择了美国和日本的被试，但是两个实验的结果却是相互矛盾的，Oosterbeek（2001）认为，这是由于他们的研究中该国家选择的样本城市不同。② 因此，排除声誉激励的影响，社会偏好仍能一定程度激励人们进行第三方惩罚，尽管这一假设得到了西方国家实验证据的支持。文化是否影响第三方惩罚强度大小及普及程度仍是未知的。

据作者最大可能的文献搜索，还没有以中国被试为样本的第三方惩罚实验，中国现有独立董事制度及相关体制背景对董事的声誉等激励还不完备，因此，仅仅依靠利他惩罚偏好对违反社会规范行为进行惩罚来保证独立董事发挥其作用，取决于中国文化和现有经济条件下第三方惩罚行为的普遍程度。

基于上述分析，这里提出如下对立假设。

假设 2a：在声誉等机制不完备情况下，中国文化与西方文化对独立董事监督的影响是无差异的。即独立董事对不公平的分配方案惩罚水平与西方相关实验结果无显著差异。

假设 2b：在声誉等机制不完备情况下，中国文化与西方文化对独立董事监督的影响是存在差异的。即独立董事对不公平的分配方案惩罚水平与西方实验有显著差异。

第二节　提名方式对独立董事监督作用的影响

在不存在其他因素条件下，出于利他惩罚激励促使的独立董事监督是有效的，然而现实中，互惠偏好和组别因素会导致利他惩罚偏好对监督行为的激励弱化，产生了一种挤出或替代效应。本书认为，提名方式通过互

---

① Kachelmeier, S. J. and Shehata, M. , "Culture and Competition: A Laboratory Market Comparison between China and the West". *Journal of Economic Behavior & Organization*, Vol. 19, No. 2, Feburary 1992, p. 145.

② Oosterbeek Hessel, Sloof Randolph and Van de Kuilen Gijs, "Cultural Differences in Ultimatum Game Experiments: Evidence from a Meta - analysis". *Experimental Economics*, Vol. 7, No. 2, June 2004, p. 171.

惠偏好对监督作用产生影响。

在中国上市公司中，尽管股东通过股东大会形式上批准被提名的独立董事，然而，独立董事一般由大股东或总经理提名，而且短时间内，监管部门可能不会提出改变这一目前提名方式的政策。因此，独立董事和拥有提名权的大股东之间是一种多轮重复博弈关系。

中国现行高级管理者人力资本市场的发展程度以及现行法律法规对违反职业道德和规范行为的处罚力度都有待改进。在这种情况下，声誉的激励变得微弱。当大股东提名独立董事引发的独立董事对大股东的互惠偏好与其对大股东的监督之间存在的利益冲突更为显著。因此，独立董事监督其提名者的激励可能受到影响，具体影响因素可能是单纯的直接互惠，即独立董事由于提名者的选择而当选，而作为回报，独立董事对大股东的监督作用变弱。此外，也可能是出于策略考虑，独立董事想要在提名者面前建立一个非积极监督者的声誉以有利于被再次提名。

近年来，经济学家逐渐意识到信任与互惠在经济交易中的重要性，这促使他们对直接互惠行为的理论基础进行了广泛及深入的探索，并将这种社会偏好加入个体效用模型中以期更好地解释人们的行为。能够解释公平和互惠行为的个体效用模型有很多，如 Rabin（1993）、Camerer（1997）、Fehr 和 Schmidt（1999）、Bolton 和 Ockenfels（2000）、Dufwenberg 和 Kirchsteiger（2004）、Charness 和 Rabin（2002）、Falk 和 Fischbacher（2006）等。

Rabin 观察到生活中人们喜欢帮助那些曾帮助过自己的人，而伤害那些曾伤害过自己的人，并在一些实验结果研究基础上概括出人们普遍表现出的"互惠互损"行为准则，把"公平性"（fairness）定义为"当别人对你友善时你也对别人友善，当别人对你不善时你也对别人不善"。Rabin（1993）更重要的贡献是，利用 Geanakoplos 等（1989）的心理博弈框架构建经济学模型来具体分析人们生活中广泛存在的这种互利行为。

Rabin（1993）构建的双人博弈中博弈方 i 的效用函数形式为：

$$U_i(a_i,\ b_j,\ c_i) = \pi_i(a_i,\ b_j) + \tilde{f}_j(b_j,\ c_i)[1 + f_i(a_i,\ b_j)]$$ [①]

式中，a_i 为博弈方 i 自身的策略，b_j 为他认为博弈方 j 会采取的策略，

---

①　Rabin, M., "Incorporating Fairness into Game Theory and Economics". *American Economic Review*, Vol. 83, No. 5, December 1993, p. 1286.

c_i 为他认为博弈方 j 认为的博弈方 i 自己会采取的策略。$\pi_i(a_i, b_j)$ 是来自物质利益的效用。$\tilde{f}_j(b_j, c_i)[1 + f_i(a_i, b_j)]$ 则表示了"公平"给参与人带来的效用。

结合对独立董事监督作用的理论预期，以独立董事监督博弈中的参数设定为 Fehr 和 Fischbacher（2004）第三方惩罚博弈中的数值为例分析：在这里，独立董事收益函数为，$f(C) = 50 - C$，（C 为监督及惩罚的成本函数）其自利的偏好预测其实施的监督成本为 0。根据 Rabin（1993）的模型，独立董事的效用函数为，$U = (50 - C) + \tilde{f}_j(b_j, c_i)[1 + f_i(a_i, b_j)]$。当独立董事由公司内部人如大股东或总经理提名时，这里，$f_i(a_i, b_j)$ 为正，$1 + f_i(a_i, b_j)$ 也大于 0，具体来看，独立董事如果实施积极监督并惩罚提名他的大股东或总经理，那么，$\tilde{f}_j(b_j, c_i) < 0$，进而其效用函数后一部分 $\tilde{f}_j(b_j, c_i)[1 + f_i(a_i, b_j)] < 0$，使其总效用 U 减少；而如果其不实施监督，其效用函数变为 $U = 50 + \tilde{f}_j(b_j, c_i)[1 + f_i(a_i, b_j)]$，并且这种互惠行为使 $\tilde{f}_j(b_j, c_i)[1 + f_i(a_i, b_j)] > 0$，最终使其总效用 U 增加。同理，当小股东提名独立董事时，独立董事的效用函数为 $U = (50 - C) + \tilde{f}_j(b_j, c_i)[1 + f_i(a_i, b_j)]$，如果独立董事选择不监督，尽管 $50 - C$ 部分的物质利益带来的效用最大，但 $\tilde{f}_j(b_j, c_i)[1 + f_i(a_i, b_j)] < 0$，导致总效用 U 没有达到最大化。而当独立董事实施监督时，尽管监督行为使效用函数物质收益部分减少，但是，互惠带来的公平效用 $\tilde{f}_j(b_j, c_i)[1 + f_i(a_i, b_j)]$ 为正并增加，因此，在这种情况下，存在效用最大化的解，独立董事监督水平显著大于 0。基于上述分析，本书提出以下假设。

假设 3：排除其他因素的影响，独立董事由大股东或总经理提名时，基于公平互惠理论，本书预期互惠偏好对独立董事监督作用的影响是显著的，即独立董事出于互惠的考虑，减弱对内部人的监督。其监督作用显著弱于由小股东提名情况下的监督水平，同时，也弱于由独立的提名委员会提名独立董事时的监督水平。

假设 4：排除其他因素的影响，独立董事由小股东提名时，互惠的考虑使独立董事的监督作用增强。

第三节 基于组别关系独立性对独立
董事监督作用的影响

一些学者如 Brewer（1981）认为，组别（group identity）或社会同一性（social identity）是特殊信任关系的基础。社会学家认为，组别是绝大多数个人心理构建的一个重要部分，当组别在一些情形中发挥作用时，人们会采用一种同时考虑小组福利和个人福利的偏好函数。组别对于将一种特殊的社会关系归类为合作关系还是竞争关系是极其重要的。[①] Gueth（2008）等认为，社会信任、社会系统的润滑剂，对于社会自愿捐赠、经济增长、更好的健康以及更低的犯罪率都有益处，但是，特殊信任却会产生严重的社会问题，最终成为社会陷阱。[②]

社会同一性是一个人对其他属于一个社会分类或小组的认识。通过社会比较过程，与自己相似的人被归类为组内人，那些与自身不同的人被归为组外人。组别可以通过名义组或共同利益分享方式实现。其中，明义组已经被证实足以使人们产生对待组内与组外成员行为的差异。最初的名义组范式实验（Tajfel，1970；Billig and Tajfel，1973；Tajfel and Billig，1974；Tajfel et al.，1971）揭示了人们社会归类的能力先于帮助组内成员的组间歧视行为的产生。此外，有研究发现，仅仅交流也可以提高社会困境实验中合作率。社会学家提供了很多关于交流促进合作的原因，原因之一是交流催生了组别感。

在上市公司中，公司内部控制人包括大股东或总经理，在社会地位、权力、财富等社会身份上与独立董事更接近，而与广大小股东相差很大，这无形中形成了公司内部人与独立董事的同组关系，而小股东则被视为组外人士。此外，中国上市公司的独立董事除了上级指派任命外，很多公司独立董事都是大股东（其代理人）或总经理的亲戚、朋友、商业伙伴或

---

① Blair, M. M. and Stout, L. A., Trust, Trustwo Rthiness, and the Behavioral Foundations of Corporate Law. *University of Pennsylvania Law Review*, Vol. 149, No. 6, November 2001, pp. 1770, 1772.

② Rothstein, B., *Social Traps and the Problem of Trust*. Cambridge：Cambridge University Press, 2005.

　　熟人等,这也产生了独立董事与公司内部控制人之间的另一层面上的同组关系,而在这种意义上,小股东则更是被归为组外成员。公司内部人、独立董事与小股东在两种层面上的组别划分关系如图 3 – 1 上下两部分所示。

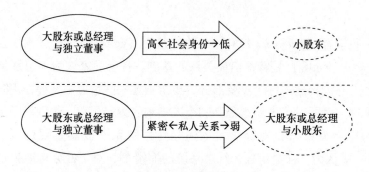

图 3 – 1　组别关系

　　一些学者如 Gaertnera 和 Insko (2000) 对组别差异产生的组间行为歧视效应原因进行了探索,以便识别是社会分类因素单独作用还是与结果依赖过程效应一同起作用。他们的研究结果表明,被进行分组后的男性,只在结果依赖他人时才显示出组内组外行为不一致,而女性无论结果是否依赖他人,都表现出组间歧视行为。这些结果说明组别效用可能导致一些问题的产生,因此需要予以重视。对上市公司来说,独立董事控制职能是从公司整体利益(包括中小股东)出发,对公司内部控制人进行客观及公正无偏的监督。然而,如果独立董事与公司内部人存在着上述两种社会同一性关系中的任一种或两种,那么根据组别相关研究结果,其监督可能无法做到公正无偏。

　　Liberman 和 Linke (2007) 认为,既然组别效应能够影响个体转移给本组成员的成本,那么这种效应也能够影响人们进行惩罚行为的激励和欲望。即对于既定行为,不同社会类别下的个体会付出不同大小的成本,最终导致不同的情绪反应及不同的惩罚激励。他们预期,两种能够影响成本大小进而惩罚欲望的社会分类分别是亲缘关系 (Clutton – Brock and Parker, 1995) 和组成员关系 (Pratto, Sidanius, Stallworth and Malle, 1994; Sidanius, Pratto and Mitchell, 1994)。Liberman 和 Linke (2007) 对这两点分别进行了深入的分析并形成假设。

　　其中一个重要因素是亲缘关系。根据亲缘选择理论 (Hamilton, 1963,

1964），基因的相关程度决定了利他与竞争努力的模式。将另一个人归为亲属增加了利他行为的激励（Burnstein，Crandall and Kitayama，1994；Korchmaros and Kenny，2001；Kruger，2003；Lieberman，Tooby and Cosmides，2007；Peters，ünür，Clark and Schulze，2004），同时降低了对其施加成本的激励（Daly and Wilson，1988；Petrinovich，O'Neill and Jorgensen，1993）。由于亲缘关系可能降低施加成本的激励，它应该能够影响惩罚的决策。

　　另一个重要因素是同组成员关系。同组成员关系是另外一个能够影响个人或其社会团体施加成本大小的社会维度，因此也会影响惩罚的欲望。人类拥有根据合作或组成员关系对社会中的个体进行分类的认知适应能力（Kurzban，Tooby and Cosmides，2001），有学者发现这种分类与名义上的提示或刺激一起出现（Rabbie and Horwitz，1969；Tajfel，Billig，Bundy and Flament，1971）。社会同一性理论（Tajfel and Turner，1986）与社会主导理论（Pratto et al.，1994）都预测，个体分给组内的恩惠要多于分给组外的（Brewer，1979；Schopler and Insko，1992；Sidanius，Pratto and Mitchell，1994）。他们认为，这与进化理论所暗示的结果也是一致的。进化观点认为，其他条件相同时，组外的福利不如组内的福利重要（Alexander，1987）。在远古时，同组成员关系代表着交换的机会、友谊、伴侣、联盟以及共同承担成本，这些都是非同组成员关系不可能带来的（Kurzban and Leary，2001）。由于这些原因，相比组外成员，个体可能会对施加给同组成员的成本或惩罚更加敏感；当违反规范者是组外成员时，他们也更可能加大惩罚力度（Pratto et al.，1994；Sommers and Ellsworth，2001）。

　　根据上述理论及分析，独立董事与公司内部控制人之间关系的同组关系都可能对独立董事监督产生影响。作为组内成员的内部人对作为组外成员的中小股东分配不公时，独立董事会施加较轻的惩罚，也可以理解为，作为组外成员的中小股东遭受不公平时，独立董事对此不是很敏感。

　　这里再次利用 Fehr 和 Schmidt（1999）的模型对博弈均衡解进行推导和计算。

$$U_i(x_1,\cdots,x_N) = x_i - [\alpha_i/(N-1)]\max\sum_{j\neq i}\{x_j - x_i,0\} - [\beta_i/(N-1)]\max\sum_{j\neq i}\{x_i - x_j,0\}$$

式中，$\beta_i \leqslant \alpha_i$。[①]

当独立董事将内部人（大股东或总经理）视为组内成员而将中小股东视为组外成员时，这时，个人效用最大被组内成员效用最大化替代，具有 F&S 偏好的独立董事的效用函数变为以下形式，

$$U = 50 - x + 100 - x_{中小股东} - \alpha_i/2\max\sum_{j \neq i}\{x_j - x_i, 0\} - \beta_i/2\max\sum_{j \neq i}\{x_i - x_j, 0\}$$

式中，$\beta_i \leqslant \alpha_i$，$x$ 是惩罚值，而 $x_{中小股东}$ 分给中小股东的点数。

以独立董事监督博弈为例，因为组别的心理影响，组内成员（内部人）高于自己（独立董事本人）收益所产生的负效用为 0，而自己（独立董事本人）高于组外成员（中小股东）的负效用也为 0，而组外成员高于自己收入和自己收入高于组内成员的负效用项仍存在。当对组内成员的惩罚点数为 0 时，既可以满足组外成员的收入不高于自己收入又可以保证自己收入不高于组内成员的收入，进而使这两个负效用项的值等于 0。通过推理，组别因素单独影响时，独立董事效用最大化要求独立董事对内部人的惩罚点数为 0。因此，如果内部人满足自利人假设时，博弈均衡解为：独立董事惩罚点数：$x = 0$；这时，（内部人、中小股东、独立董事）三方收入分别为（100，0，50）

综上所述，这里提出如下假设：

假设 5：其他条件不变，独立董事与上市公司内部人之间的"同组"关系使独立董事对公司内部人的监督减弱。

此外，独立董事与公司内部人的同组关系及对监督产生负效应的提名方式同时出现时，这两个因素对独立董事监督产生的负效应可能加大，或者监督水平至少为其中影响大的因素作用时的监督水平。而当独立董事与公司内部人的同组关系与对监督具有正效应提名方式同时作用时，独立董事监督水平是未知的，有待实验结果揭示。

第四节　罢免方式对独立董事监督作用的影响

提名及任命意味着独立董事获得职位及与职位相关的物质利益和声

[①] E. Fehr, K. M., Schmidt, "A Theory of Fairness, Competition, and Cooperation". *Quarterly Journal of Economics*, Vol. 114, No. 3, August 1999, p. 818.

誉。而被解任或罢免则意味着独立董事失去职位及该职位带来的物质利益
和声誉。

独立董事职位带来的声誉和物质利益比没有提名之前更重要，即如果
被罢免，因此失去的声誉和其他福利所产生的负效用要比没有得到这些之
前的影响大。原因是，人们对损失和获得的敏感度不同。根据 Kahneman
和 Tversky（1979），前景理论包含三个结论，其中第三条解释了损失和获
得对人们产生不同效用的原因。如图 3 - 2 所示，损失产生的负效用大于
等量的获得所产生的正效用，即损失的痛苦要远远大于获得的快乐。
Tversky 和 Kahneman 在 1992 年的研究中发现，人们通常需要两倍于损失
的收益才能弥补损失所带来的痛苦。这种损失和收益对人心理造成的不对
称影响就是所谓的"损失规避"效应。

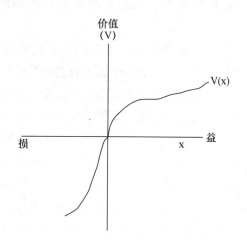

图 3 - 2　前景理论的价值函数

资料来源：Kahneman 和 Tversky（1979）。

基于上述分析，由于人们的损失规避偏好，罢免方式会挤出独立董事
基于利他惩罚的监督激励。这种偏好也导致罢免对独立董事监督所产生的
影响大于提名的影响。预期罢免方式对样本中很大一部分人的影响大于基
于互惠考虑的单纯提名方式的影响。因而，当小股东拥有提名权，但大股
东拥有绝对决定性的罢免权情况下，独立董事的监督水平低于基础实验处
理条件下的水平。

本节的分析基于实践中独立董事和拥有提名权的大股东之间是一种多

轮重复博弈关系这一事实。独立董事首次被大股东（或 CEO）提名后，积极代表公司利益对大股东（或 CEO）实施监督可能导致其被大股东（或 CEO）罢免，包括在独立董事任期内被罢免，或是在任期结束后没有被再次提名（这也可以被视为另一个形式的罢免）。在小股东拥有提名权的假设条件下，如果大股东拥有决定性的罢免权，独立董事出于对小股东的互惠考虑可能提高监督水平，但面对被罢免的威胁，也可能出于策略的思考而降低监督水平。这两个因素之间的相互影响目前还不清楚。因此，通过实验检验两种因素各自的影响效果，将对机制设计的改进具有指导意义。

近年来，越来越多的经济学家通过大量实验证实了人们的行为与传统经济学基于自利性假设所预测的结果并不一致，他们认为，人们的社会偏好或非自利偏好如公平、互惠或利他等显著影响着人们的经济行为。

然而，局中人出于策略考虑的行为有时也会偏离博弈论均衡解的预测。因此，博弈中出于策略考虑和出于真实社会偏好的行为是无法直接观察和识别的。而实验方法解决了这个问题，固定配对的有限次重复博弈实验中，通过观察截止期效应是否出现就能推断出互惠行为事实上是不是出于策略考虑的行为。Warnick 和 Slonim（2003）对博弈策略的研究提到有限次博弈的截止期效应，即最后一轮返还投资者投资的被信任者比例大幅下跌，返还 0 的人增多。Engelmann 和 Fischbacher（2004）为了探索帮助博弈中基于策略的声誉建立动机的影响作用，他们在实验中，只允许一半被试有建立声誉的机会，因此保证了该实验设计能够区分纯间接互惠动机与基于策略的声誉建立动机。他们发现，尽管间接互惠是重要的，然而策略性的声誉建立至少也与间接互惠同等重要。基于在前人研究基础上的理论分析和现存的实验证据，针对罢免方式对独立董事监督作用的影响，建立如下假设：

假设 6a：排除其他因素的影响，罢免方式对独立董事监督作用的影响是显著的。大股东或总经理拥有罢免权会减弱独立董事的监督作用。

假设 6b：排除其他因素的影响，罢免方式对独立董事监督作用的影响是显著的。当小股东拥有罢免权时，会增强独立董事的监督作用。

第五节 竞争对独立董事监督作用的影响

由于竞争促进了市场的运行，加速了创新，通过迫使厂商以最低成本进行生产从而保证了效率，鼓励了员工努力程度的最大化，这样也降低了雇主歧视行为的可能性，因此，经济理论通常认为竞争对社会是有益的、可取的（Becker，1957）。[1]

竞争是能够产生积极激励的多种机制之一。这里以关于学校间竞争与教学质量的研究为例说明竞争与效率间的关系。Couch 等（1993）、Dee[2]及 Hoxby[3] 等研究发现，来自私立学校的竞争压力越弱，公立学校的教学质量越低。[4] Zanzig 的研究显示，当提高加州公立学校间的竞争，学生的考试分数也相应提高。[5] Grosskopf 等发现，处于竞争较少的学区平均教学效率要比处于竞争激烈学区的效率低两倍以上[6]。

另外，近来经济学家们开始对竞争带来的负面经济效应进行研究。比如，Gneezy 等（2003）发现，在男性与女性技能水平相同的情况下，由于女性在竞争条件下的努力水平提高程度显著低于男性，进而导致她们的工作绩效在竞争条件下的性别差异。因此，竞争可能是女性在人力资本市场上处于弱势的原因。与竞争和监督之间关系更接近的研究领域是关于竞争对于腐败的影响。一种观点认为，由于腐败依赖于经济剩余的大小，而鉴于竞争能够降低剩余，那么进而竞争能致使腐败减少。Rose - Ackerman

---

① Becker Gary, *The Economics of Discrimination*, Chicago：University of Chicago Press，1957.

② Dee, T., "Competition and the Quality of Public Schools". *Economics of Education Review*, Vol. 17, No. 4. October 1998, p. 420.

③ Hoxby, C. M., "Do Private Schools Provide Competition for Public Schools?" NBER Working Paper. No. 4978, 1994.

④ Couch, J. F., W. F. Shughart Ⅱ and A. L. Williams, "Private School Enrollment and Public School Performance". *Public Choice*, Vol. 76, No. 4, August 1993, pp. 301 –312.

⑤ Zanzig, B. R., "Measuring the Impact of Competition in Local Government Education Markets on the Cognitive Achievement of Students". *Economics of Education Review*, Vol. 16, No. 4, October 1997, p. 431.

⑥ S. Grosskopf, K. J. Hayes, L. L. Taylor and W. L. Weber, "Allocative Inefficiency and School Competition". *Proceedings of the 91st Annual Conference on Taxation*, Washington D. C.：National Tax Association, 1999.

（1996）提到，总的来说，任何提高经济竞争程度的改革都有助于降低腐败的激励。[①] 然而，调查及实证研究证据显示，近年经济全球化过程无疑提高了经济竞争环境，而有几个国家的腐败程度均在上升。一些学者通过数学模型推理得出，一些情况下竞争对于抑制腐败的负面影响。例如，Laffont 和 Guessan（1999）的模型及数据结果显示，在委托—代理关系中，低权力激励是降低信息产生租金的一种手段，而竞争也是一种减少租金的手段，如果两者互补，那么会更有利于滋生腐败。Shleifer（2004）也认为，竞争可能是腐败及欺诈等非道德行为产生的原因。

Schwieren 和 Weichselbaumer（2009）观察到，由于近来体育界中的兴奋剂丑闻以及学术界中的伪造和剽窃丑闻在某种程度可由竞争压力解释，这暗示了竞争与欺骗之间的某种联系，因此，他们研究了竞争压力对欺骗行为的影响。研究结果发现，女性在竞争条件下从事更高水平的欺骗活动，完全是因为女性对所分配任务的完成能力更差。因此，认为个体完成任务的能力影响了对竞争的反应。维护面子以及在竞争中获胜的愿望是背后的动因。[②]

Kraekel（2006）认为，实践中，有很多竞争条件下，个人为了提高自己的境况而非正当地使用资源。例如，员工可能会贿赂客户获得自身利益或为了晋升而贿赂上级，就后一种情况来说，他们会使用金钱或通过非金钱的私下交易支付贿赂上级，以期获得优越的分数或业绩，进而提高自己晋升的可能。[③]

对于竞争的负面效应以及高度竞争导致的欺骗行为出现概率提高的原因，这里主要提出理论上的两种解释。经济学中的"理性欺骗者"模型预期，竞争程度越高，竞争中超过他人的收益也越高，会导致越高水平的欺骗行为出现。由于公司层级中处于高层的人们所获薪水和其他收益不成比例地高出底层的人们，因而，在加剧了竞争的同时还产生了"赢者获全盘收益"的社会，这种竞争性的报酬结构蕴含着欺骗的动机和激励。

---

① Rose – Ackerman, S., Redesigning the State to Fight Corruption. Public Policy for Private Sector, World Bank, 1996.

② Schwieren Christiane and Weichselbaumer Doris, "Does Competition Enhance Performance or Cheating? A Laboratory Experiment". *Journal of Economic Psychology*, Vol. 31, No. 3, June 2010.

③ Kraekel Matthias, "Doping and Cheating in Contest – Like Situations". University of Bonn and IZA Discussion Paper, 2006.

而心理学中关于行为/心理动机的理论也预期，竞争强调了个人成功的重要性。结果，即使没有个人成功愿望的人也会迫于压力而装作在乎个人实现。此外，竞争将注意力从群体的福利转向了个体，降低了组内的凝聚力。结果，个体发现自己受到公平规范的约束减弱了，同时也发现，通过欺骗而获得个人利益是合理的。因此，竞争提高了欺骗水平。

　　独立董事职位对候选者来说是具有吸引力的。美国赋予独立董事很高的社会地位。在美国，凭借丰富的专业知识和管理经验而被聘请为一家公司的董事，尤其是知名公司独立董事，是跻身于上流社会的标志之一。在中国，上市公司的独立董事职位也同样具有一定的吸引力。因此，获得这一职位在某种程度上意味着个人成功。

　　然而，在目前的任免机制下，独立董事的提名和罢免大多受到被监督者的控制，现存法律及相关规定以及各国实践中绝大部分情况下，对独立董事的法律惩罚都是非约束性的。在目前，中国上市公司独立董事任免机制条件下，当竞争加大时，获得独立董事职位的收益预期越高，因此，为了保住职位，独立董事对被监督者的监督水平越低。另外，竞争越激烈，个人成功对独立董事来说就显得更为重要，独立董事这一职位的吸引力也越大，竞争对现存任免机制下独立董事监督作用产生的消极作用越强。基于此，提出如下假设，

　　假设7：在目前中国大股东或总经理对独立董事的选择、提名和罢免起主导影响以及现行法律约束机制的条件下，独立董事间竞争程度越高，独立董事对被监督者的监督越弱。

第六节　中国独立董事监督作用影响
因素的性别差异

　　无论是心理学、生物学，还是社会学、政治学，乃至经济学及管理学，对女性以及对性别差异的相关研究一直是国外学者感兴趣的主题之一。基于对男性与女性在风险偏好、利他偏好、互惠偏好以及竞争偏好的相关实验及实证研究发现，本书提出任免机制对独立董事监督作用影响的性别差异检验的假设。

（一）风险偏好

风险偏好方面的实验研究[1]发现：在绝大多数情形及任务条件下，女性相对男性更倾向于规避风险。[2]并且，在真实世界中，女性在实际投资决策中也比男性更规避风险。[3]

产生风险性别差异的原因包括情感或情绪、过度自信和风险如何被看待（挑战或威胁的差异）。

在公司经理及专业人士中，风险偏好方面的性别差异变得很小或不再存在。因此，有学者认为，投资行为方式上被归因为性别引起的差异其实是由专业知识及资金约束引起的。上述发现对于高管层人员配备中消除性别歧视具有重要指导意义。

（二）利他偏好

女性在利他行为方面是否比男性更慷慨大方？现有相关研究结果得出的结论是不同的。

一方面，一些学者通过研究得到了无性别差异的结论。Bolton 和 Katok（1995）通过实验室实验对独裁者博弈进行检验，他们的结果显示，男性与女性在慈善的利他行为上并不存在显著差异。[4]

另一方面，提供存在性别差异证据的研究结果也往往并不一致。Eckel 和 Grossman（1997b）[5] 的研究结果与 Bolton 和 Katok（1995）的发现有所不同，他们发现女性组比男性组更利他。Brown - Kruse 和 Hummels（1993）发现，在公共物品贡献实验中成员全部由男性组成的小组比成员全部为女生的小组表现得更为合作。[6] 而 Nowell 和 Tinkler（1994）却发现

---

[1]　这一领域的综述见 Catherine C. Eckel and Philip J. Grossman（2008c）。

[2]　Croson Rachel and Gneezy Uni，"Gender Differences in Preferences". *Journal of Economic Literature*，Vol. 47，No. 2，June 2009，p. 448.

[3]　Bernasek，Alexandra and Stephanie Shwiff，"Gender，Risk，and Retirement". *Journal of Economic Issues*，Vol. 35，No. 2，June 2001.

[4]　Bolton Gary and Katok Elena，"An Experimental Test of Gender Difference in Beneficent Behavior"，*Economic Letter*，Vol. 48，No. 3 - 4，June 1995，p. 287.

[5]　Nowell，Clifford and Sarah Tinkler，"The Influence of Gender in the Provision of a Public Good". *Journal of Economic Behavior and Organization*，Vol. 25，No. 1，September 1994，p. 25.

[6]　Brown - Kruse，Jamie and David Hummels，Gender Effects in Laboratory Public Goods Contribution. *Journal of Economic Behavior and Organization*，Vol. 22，No. 3，December 1993，p. 255.

了相反的结果。① 此外，Eckel 和 Grossman（1994）发现，在最后通牒博弈中，如果实验被试知道与自己一组进行博弈的伙伴的性别，实验结果会与不知道情况下的结果有细微的差异。②

在上述研究基础上，Andleoni 和 Vesterlund（2001）通过一个修改版本的独裁者博弈（modified dictator game）检验了人类在利他行为方面的性别差异并构建了一个对上述性别研究不一致的发现具有解释力的模型。他们的实验研究结果表明，当利他行为的经济成本更高时，女性是更慷慨的；而当利他行为的成本较低时，男性表现得更利他。他们更深入的发现是，男性更可能是完全自私或是完全利他。而女性则倾向于是偏好均等分享的平均主义者。③

（三）互惠偏好

一些实验研究没有发现人们在互惠行为上的性别差异④，如 Clark 和 Sefton（2001）、Eckel 和 Wilson（2004a，b）、Bohnet（2007）、Cox 和 Deck（2006）等。

其他研究则发现了两性在互惠偏好方面存在差异的结果（Croson and Buchan，1999；Schwieren and Sutter，2008）发现，相对男性，女性更互惠。而 Bellemare 和 Kroger（2007）的研究则得到相反的结果，即男性比女性更互惠。

两个更具说服力的观点来自 Ben - Ner 等（2004）、Eckel 和 Grossman（1996），前者认为，女性对实验的具体情境的反应更为敏感，而后者则认为，当存在正向（奖励）和负向互惠（惩罚）时，女性对于两个方式的使用都高于男性。同时，后者还发现，女性的负互惠行为对于惩罚成本表现得很敏感，而男性则不是。

（四）竞争偏好

男性与女性对于竞争激励是否反应相同对人力资源管理实践具有重要的意义。

---

① Eckel，Catherine C. and Philip Grossman，"Are Women Less Selfish than Men? Evidence from Dictator Experiments". *Economic Journal*，Vol. 107，No. 442，May 1997，p. 726.

② Eckel，Catherine C. and Philip Grossman，1994，"Chivalry and Solidarity in Ultimatum Games". Virginia Polytechnic Institute and State University，Mimeo.

③ Andleoni James and Vesterlund Lisa，"Which is the Fair Sex? Gender Differences in Altruism". *Quaterly Journal of Economics*，Vol. 116，No. 1，Feburary 2001，p. 296.

④ 这里指信任实验（trust game）中的资金返还行为。

近来的研究表明，相对女性，男性的绩效受竞争环境更大的积极影响。Gneezy 等（2003）的研究显示，在男性与女性技能水平相当的情况下，由于女性在竞争条件下的任务完成状况的提高程度显著低于男性，进而导致两性绩效在竞争条件下的差异。Gneeny 和 Rustichini（2004b）的实地研究显示，男孩在与对手竞争条件下比独自跑时要快 0.163 秒，而女孩在竞争时比自己跑时则要慢 0.015 秒。

尽管现有的研究似乎表明，男性在竞争条件下表现比女性好。然而，鉴于实验研究所选的竞赛任务的特性，两性对竞争反应存在差异的结论还有待进一步验证。此外，女性在竞争对手全部为女性时，会收到竞争激励的影响而表现得更具竞争力。这对实践的意义体现在，如果两性在完成任务和工作的能力方面不存在差异，那么人力资源管理者在进行薪酬激励方案设计决策时，应该将团队中员工性别比例考虑在内。在高级管理者团队中如果女性所占比例很小，很可能会影响她们的工作绩效。

基于上述研究发现，本书提出关于性别差异检验的假设：

假设 8：任免机制设计在一些条件下对男性与女性独立董事监督作用的影响是有差异的。

第七节　理论模型

本节在前面理论分析基础上构建了解释本书因变量和自变量逻辑关系的理论模型（见图 3-3）。因变量处于图中的中心位置，自变量与因变量之间的关系通过尾端有箭头的线段表示。

如图 3-3 所示，本模型有三个层次。最内层是研究独立董事监督作用不可回避的基础影响因素，即独立董事的独立性因素。中间一层是任免机制影响因素，包括提名机制与罢免机制。而最外层是外部机制影响因素，如声誉激励和约束机制，这里关注由高级管理者人才市场所带来的竞争因素。

主要因变量是独立董事监督博弈中独立董事对公司内部人 6 种分配议案的监督及惩罚水平。具体操作上，这个变量由本书实验［在 Fehr 和 Fischbacher（2004）基础上］中的角色 C 对 A 的惩罚值大小来代替。

次要因变量包括：独立董事对公司内部人各种分配方案公平性的判

断，这一变量通过实验后的问卷调查获得，这一变量为 0—1 分类变量，当实验中的被试选择"可以接受"或"公平的"选项时，变量取值为 0，而他们选择选项"不公平"及"非常不公平"时，该变量取 1。

本研究中的自变量，主要是独立董事任免机制设计的相关因素，各自变量具体概括如下：首先是提名方式变量，这一变量通过互惠偏好因素对独立董事的监督产生影响。根据独立董事监督博弈中哪一方（内部人还是小股东）提名，这一提名方式（内部人提名，小股东提名）变量取值分别为 (0，0)、(1，0)、(0，1)。这里，(0，0) 代表独立的提名委员会提名，(1，0) 代表内部人提名，(0，1) 代表小股东提名。

其次包括解任（或罢免）方式变量。这一变量主要通过损失规避偏好因素对独立董事的监督作用产生影响。根据独立董事监督博弈中哪一方对独立董事有罢免权：解任方式变量取值分别为 (0，0)、(1，0)、(0，1)。这里，变量各取值的意思分别为，变量取值为 (0，0) 时代表独立的提名委员会罢免，(1，0) 代表内部人罢免，(0，1) 代表小股东罢免。

自变量还包括，实质独立（独立董事与内部人同组）与否变量，此变量为 0—1 变量。该变量等于 0 时，表示独立董事与内部人无任何包括朋友、商业伙伴等关系，这时通过利他偏好对独立董事的监督作用产生积极影响。该变量取值为 1 时代表独立董事与内部人存在着一些隐性的私人关系，这时通过组别因素对监督作用产生消极影响。

自变量中还有竞争与否变量，该变量也是 0—1 变量。当变量取值为 0 时，代表独立董事间无竞争；而取值为 1 时，表明存在着多个独立董事候选人。

本章在现有相关理论基础上，提出了影响独立董事监督作用的各个因素，并对其单独影响进行了理论预测。当这些因素同时存在时，其各自的影响作用会此消彼长，我们可以通过实验数据发现任免机制各因素中哪一因素对独立董事的监督作用影响更显著。因此，基于本节提出的理论模型，这里仅将该模型中的因变量（独立董事监督水平）与作为各影响因素的自变量之间的关系概括如下：

第一，排除其他影响因素，独立董事实质独立时，利他惩罚激励促使独立董事对内部人实施有效监督。

第二，排除其他影响因素，内部人提名会减弱独立董事的监督作用。

第三，排除其他影响因素，小股东提名会增强独立董事的监督作用。

　　第四，排除其他影响因素，形式独立（独立董事与内部人同组）会导致独立董事监督作用减弱。

　　第五，内部人拥有罢免权与独立董事监督水平负相关。

　　第六，小股东拥有罢免权与独立董事监督水平正相关。

　　第七，内部人提名条件下，独立董事间竞争与监督水平负相关

　　第八，一些任免机制设计条件对男性与女性独立董事监督作用的影响有显著差异。

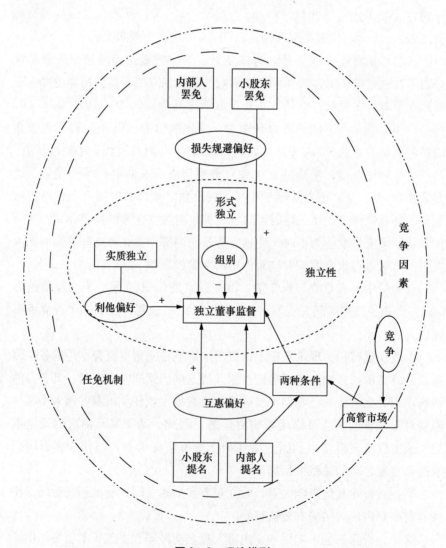

图 3 − 3　理论模型

第四章　提名方式与独立性对中国 独立董事监督作用的 影响：实验检验

本章实验①的目的是检验利他惩罚偏好、文化、提名方式和组别对于独立董事监督作用的影响效果，将介绍实验的参数设置和实验方法，对实验结果进行分析和报告。

第一节　实验设计

本实验包括 6 个实验处理条件。基础条件（baseline）检验的是，不存在其他影响因素时，即在实质独立并且独立的提名方式下，利他惩罚激励对独立董事监督作用的影响大小。实验一的基础条件下局中人的博弈关系概括如下：局中人包括公司内部人（大股东或总经理）、小股东和独立董事，他们三方之间的博弈关系如第二章中图 2 - 4 所示。鉴于绝大多数实验都需要将具体情境进行抽象，因此，在本实验中，并没有出现"公司"字眼，局中人也没有使用"大股东"、"独立董事"和"小股东"这些角色或职位称呼，公司内部人、小股东、独立董事的角色分别用 A、B 和 C 来代替。此外，在诱导局中人 C 对局中人 A 各方案选择的惩罚点数时，并没有直接使用"惩罚"这一词语，而是采用较为中性的表达方式，即"你决定花费多少点数以减少 A 的点数"。抽象掉公司情景后，这个基本条件的实验设计与 Fehr 和 Fischbacher（2004）中的 UG - TP② 实验基本

① 为了表述方便，第四章的实验被简称实验一，第五章的实验被简称实验二。
② UG - TP 是一种简写，即 Ultimatum Game - Third Party 的首字母。Fehr 和 Fischerbach（2004）表示，在最后通碟博弈（Ultimatum Game）设计中加入一个不受分配者分配方案影响的第三方，并且第三方可以对分配者进行惩罚，但惩罚是有成本的。

相同。

　　局中人 A、B 和 C 的行为选择概括如下：A 具有从实验提供的 6 种方案中选择如何在自己与 B 间分配 100 点的权力；B 没有决策权，只能接受 A 的决策；而 C 在开始时有 50 点禀赋，并有预先根据 A 可能的分配方案对 A 进行惩罚的权力，C 的决策表如表 4－1 所示，x 为 C 从自己 50 点中拿出的用于惩罚 A 的点数。A 知道 C 的存在和权力，但是，C 不知道 A 的实际选择，A 也不知道 C 对 A 各方案的惩罚点数。

表 4－1　　　　　　　　　　　　C 的决策

A 的选项	A 得到	B 得到	C 减少自己 x 点 （使 A 减少 $3x$ 点）	A、B 及 C 最终的点数 （公式辅助计算）
1	50	50	$x =$	$A = 50 - 3x =$ ；$B = 50$；$C = 50 - x =$
2	60	40	$x =$	$A = 60 - 3x =$ ；$B = 40$；$C = 50 - x =$
3	70	30	$x =$	$A = 70 - 3x =$ ；$B = 30$；$C = 50 - x =$
4	80	20	$x =$	$A = 80 - 3x =$ ；$B = 20$；$C = 50 - x =$
5	90	10	$x =$	$A = 90 - 3x =$ ；$B = 10$；$C = 50 - x =$
6	100	0	$x =$	$A = 100 - 3x =$ ；$B = 0$；$C = 50 - x =$

资料来源：笔者在 Fehr 和 Fischbacher（2004）的实验参数设置基础上设计。

　　本章中的这一实验主要还试图检验提名方式和组别效应对中国独立董事监督作用的影响。

　　提名方式这一变量有 3 个取值，在条件 1 和条件 4 时，内部人（实验中的局中人 A）或中小股东（实验中的局中人 B）无提名权（这时独立董事 C 直接获得惩罚权），在条件 2 及条件 5 时提名权赋予内部人（A），在条件 3 及条件 6 时提名权赋予中小股东（B）。举例说明，提名权的设置通过"假设，由于 A（或 B）的提名，你（C）有机会参加这一轮的实验"实现。

　　而组别关系变量的检验通过名义组设置实现，即充当独立董事的被试者 C 被告知"A 与 C 同一小组，B 来自其他组"。在第 4、第 5 轮和第 6 轮，A（内部人）和 C（独立董事）两个局中人同组，因此，这一组别变量取值为 1；而在这一实验的前 3 轮中，A（内部人）和 C（独立董事）不同组，因此，这一组别变量为 0。

　　尽管实践中存在极少数独立董事在其工作中能够代表公司以及小股东的利益进行决策，但由于独立董事在社会地位、工作性质等方面与大股东更为相似，而且独立董事与大股东私下是熟人、朋友、商业伙伴关系的情况也很常见，因此，本书在检验组别时只考察独立董事是否与大股东同组，即 A 与 C 是否同组。B 与 C 同组的情况予以忽略。

　　由于提名方式变量的取值有 3 个，而组别变量的取值有 2 个，因此，本实验的 6 个实验处理条件分别为：基础条件或条件 1（无须扮演内部人 A 或小股东 B 提名独立董事 C，内部人 A 与独立董事 C 不同组）、条件 2（A 提名 C，A 与 C 不同组）、条件 3（B 提名 C，A 与 C 不同组）、条件 4（无须 A 或 B 提名 C，A 与 C 同组）、条件 5（A 提名 C，A 与 C 同组）及条件 6（B 提名 C，A 与 C 同组）。

　　本实验采用被试者内设计，即参加实验的充当独立董事的被试者 C 需要填写实验处理条件 1 至条件 6 全部六种条件下用于惩罚 A（内部人）的点数。条件 1 至条件 6 在实验中分别与第 1 轮至第 6 轮一一对应。由于实验主体说明中提到，尽管总体说明适用于条件 1 至条件 6 中任一轮，但被试者各轮的决策是独立的，被试者在实验过程中没有收到反馈，避免了反馈带来的各种情绪对被试决策的影响。此外，这种策略方法也免去了各种条件呈现给被试者的顺序问题。

　　由于同 Fehr 和 Fischbacher（2004）一致，本实验在引导局中人 C 对 A 的惩罚值大小时也采用策略方法。[①] 因此，对于每张呈现给被试者 C 的决策表，C 都需要填写 6 个数值，这分别与 A 的 6 种分配方案相对应。这样，相比序列决策实验，数据点增加了 5 倍。

第二节　实验方法

　　尽管很多实验通过计算机实现，由于本实验采用的是策略方法，避免了每一轮中局中人 A、B 和 C 之间的互动，并且本书主要关注局中人 C（独立董事）的选择和决策，因此，本实验采用了纸和笔的方法。实验主

---

　　① 尽管策略方法可能会诱导出与具体回应方法（specific response method）不同的行为，然而 Cason 和 Mui（1998）、Brandts 和 Charness（2000）、Falk 等（2005）的研究并没有发现两种方法下的行为存在系统差异。

说明和各轮实验中局中人 C 的决策表均在 Fehr 和 Fischbacher（2004）基础上，根据本实验试图检验的因素设计完成。在正式实验前，大约 60 名本科学生参加了预实验，填写了 C 的决策表。在预测验发现问题的基础上，对实验说明及问卷进行细微的修改。此外，为了控制决策者的公平态度可能对独立董事监督及惩罚决策行为产生的影响①，在本实验 6 轮结束后，被试者还被请求填写了关于 6 种分配方案公平性的小调查（见表 4 – 2），以期发现不同个体间公平态度的差异，以及在控制公平态度基础上识别各影响因素对 C 的惩罚程度的影响。

表 4 – 2   C 的公平态度问卷

A 的 6 个方案序号	A 分给自己的点数	A 分给 B 的点数	公平性			
			非常公平	可以接受	不公平	非常不公平
1	50	50				
2	60	40				
3	70	30				
4	80	20				
5	90	10				
6	100	0				

资料来源：笔者在 Fehr 和 Fischbacher（2004）的实验参数设置基础上设计。

一　被试者

本实验共有 53 人参加，基础条件下参加者为 53 人，从第 2 轮开始，有 3 人退出，因此，条件 2 至条件 6 下，共有 50 人参加。他们均是本科生，年龄（有 1 个缺失值）的平均值为 21 岁，中值为 21 岁，最小 18 岁，最大 22 岁；第一轮中，53 名被试中，男性 26 人，女性 27 人；第 2 轮至第 6 轮中，50 名被试中，女性 27 人，男性 23 人；被试者的专业分别包括机械相关专业、机电及工业工程等专业。此外，被试者都没有参加过任何相关的经济学或心理学实验，因此是无经验的。

二　程序

由于实验是匿名的，每个被试者被随机分配到一个代号，这个代号被

---

① 根据牛建波老师的建议。

要求填写到每一轮的答题纸上。被试者之间也被要求不许交流，在收回每个人每轮的决策表时，被试者被要求将答题纸的背面向上进行递交。如果有问题，由实验主持人进行解答。

实验中，主持人公布了兑换比率为，1 点＝0.1 元，实验大约进行了一小时，因此，这个收入平均相当于每小时 30 元左右；尽管实验并未支付被试者实际收入，但是，主持人请求被试者在决策时，要想象自己是在真实支付的情形下进行决策。每个参加者被赠送了小礼物（一支水性笔和一个笔记本）。由于本书研究的是公司情景下，独立董事的决策，即使支付被试者报酬，30 元左右的报酬无法与平均 4 万—5 万元的独立董事津贴及车马费相比。而本实验采用的此种不支付被试者实验报酬但是请被试者帮忙想象其在真实金钱激励下如何做决策实验的方法，起源于 Kahneman 等开创的研究人类风险偏好决策的实验，由于研究者无法支付风险决策实验中的巨额风险奖金而选择只支付每小时固定金额的现金或是用学分代替现金。因此，被试者从实验所获收入并没有与其决策相匹配，但这种方法仍被很多相关研究证明是有效的。并且一般情况下预实验也不支付报酬。

第三节　实验结果

这一节首先报告本实验基础条件下的实验结果，然后分别检验提名方式和组别因素的单独影响，最后对两个因素的交互作用对本研究因变量产生的影响进行分析。

一　独立董事监督行为的利他惩罚激励检验

面对局中人 A（内部人）的可能选择的分配方案 1（内部人 A 与小股东 B 均分 100 点）时，尽管 53 名局中人 C（独立董事）中有 17 人选择惩罚局中人 A，但是，用于惩罚的 x 平均值为 2，中值为 0，因此，总体上看，多数人选择不惩罚；方案 2（A 得到 60 vs B 得到 40）至方案 6（A 得到 100 vs B 得到 0），C 用于惩罚的点数的均值和中值如表 4 - 3 所示。由下表可以发现，随着 A 分配给自己的点数逐渐增加，平均来看，C（独立董事）从自己 50 点中拿出用于惩罚 A 的点数也单调递增。

表4-3   C 用于惩罚的点数的均值和中值

序号	方案2	方案3	方案4	方案5	方案6
中值	5	10	15	20	25
均值	6	10	13	19	21

资料来源：本研究实验一。

当面对方案2—6，C（独立董事）平均拿出5点、10点、15点、20点及25点时，由于惩罚率是1∶3，因此，A 与 B 此时获得的点数相应如表4-4所示。

表4-4   C 惩罚 A 后，A 与 B 的点数对比

序号	方案2	方案3	方案4	方案5	方案6
C 用于惩罚点数的中值	5	10	15	20	25
A 得到	45	40	35	30	25
B 得到	40	30	20	10	0

资料来源：本研究实验一。

被试者中，存在着基于自身经济最大化原则进行的决策人，只有2人对 A 的任何分配方案都选择惩罚0。面对方案2至方案6时，如图4-1所示，选择惩罚 A（内部人）的 C（独立董事）的人数在总体（$n=53$）中所占比例较高，最低为79%，最高达92%。Fehr 和 Fischbacher（2004）中，选择惩罚的 C 占60%（$n=22$）左右，相比之下，本实验中这些比例均更高一些。然而，对于方案2，两个样本不存在显著差异（$\chi^2=3.229$，$p=0.07$）。

通过 C（独立董事）拿出用于惩罚 A 的非平等分配方案的点数 x 值的描述性统计指标可以发现，尽管从平均来看，惩罚 A 后，A 和 B 点数仍然不能完全相等。但是 C 对非50—50的分配方案的惩罚是显著的，因此，在中国被试者中也发现了基于利他惩罚的监督行为的证据。这些结果从理论上支持并解释了在声誉激励及其他激励都不完备的条件下，仍存在积极监督的独立董事这一事实。

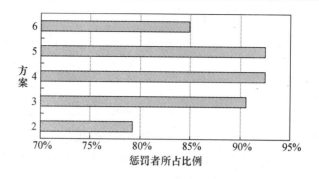

图4-1　非50—50方案下选择惩罚的C所占比例

将实验C对A的各个分配方案的公平性所持态度进行简单统计，每个方案选择"非常公平"、"可以接受"、"不公平"和"非常不公平"四个选项人数（总数为53人）如表4-5所示。可以发现，几乎全部被试者（53人中有50人）都认为A与B平分100点的方案1是公平的，多数人认为方案2和方案3也是可以接受的，多数人认为方案4是不公平的，而方案5至方案6被绝大多数被试者（53人中有39人及42人）评价为不公平。

表4-5　　C对A的各个分配方案的公平性所持态度

态度	方案1	方案2	方案3	方案4	方案5	方案6
非常公平	36	15	6	1	2	1
可以接受	11	34	31	15	9	7
不公平	2	1	13	28	19	10
非常不公平	1	0	0	6	20	32

将这一轮C（独立董事）对各个方案的惩罚值分别对0—1变量——是否转移给B50点（X_1）被试者关于分配方案公平性的态度（X_2），以及被试者性别0—1变量（X_3）三个自变量分别进行OLS回归，3个模型如下：

$$Y = a + b_1 X_1 + 误差项 \tag{4.1}$$

$$Y = a + b_1 X_2 + 误差项 \tag{4.2}$$

$$Y = a + b_1 X_1 + b_2 X_2 + b_3 X_3 + 误差项 \tag{4.3}$$

变量设置：Y为C对A的惩罚值。

X_1 为0—1变量，表示是否针对A的均分方案，当转移50点时取值为

1，否则为 0。

X_2 选择"非常公平"及"可以接受"时为 0，选择其他两项时为 1。

X_3 为 0—1 变量，代表 C 的性别，当 C 是女性时这一变量值等于 1，而为男性时是 0。

模型 1 中，F 为 67.715，p 等于 0.000。b_1 等于 - 11.226，p 等于 0.000，这表明转移低于 50 点会对独立董事的惩罚值产生负影响，如果选择非 50—50 的其他分配方案，将导致独立董事用于惩罚点数增加约 11 点。

模型 2 中，b_2 的系数是 8.548（p = 0.000），因此，被试者 C 关于 A 分配方案的公平态度显著影响 C 的惩罚尺度，这个结果表明，如果独立董事被试认为方案是不公平的，将会增加 8.5 点用于惩罚。

模型 3 中，X_3 的系数 b_3 是不显著的（p = 0.492），因此，男性与女性对于分配方案的公平判断无显著差异。而公平态度与是否为平均分配方案对独立董事监督及惩罚的影响仍然显著。

当用 C 的惩罚值对各个分配方案进行 OLS 回归时，这里建立模型 4：

$$Y = a + b_1 X_1 + b_2 X_2 + b_4 X_3 + b_4 X_4 + b_5 X_5 + 误差项 \tag{4.4}$$

自变量含义：

Y：C 对 A 的分配方案的惩罚值。

X_1—X_5：0—1 变量，分别代表惩罚是否针对方案 2 至方案 6。值为 1 时分别表示惩罚决策是针对 2—6 号分配方案，值为 0 代表 1 号方案。

如表 4 - 6 所示，回归结果表明，变量 X_1（转移给 B40 点）的系数为 3.6，在统计上显著（p = 0.014），此外，其余分配方案对 C 惩罚值的影响也都是显著的（p = 0.000）。具体来看，这意味着其他条件不变时，相对于 50—50 平均分配方案，如果 A（内部人）选择转移 30 点给 B（小股东），会促使 C（独立董事）增加 7 点用于惩罚。类似的，如果 A 分别选择 20 点、10 点及 0 点给 B 时，C（独立董事）用于惩罚 A（内部人）的点数分别显著增加 10 点、16 点及 18 点。

表 4 - 6　　　　模型 4 的回归系数（因变量：惩罚值）

变量名	系数	T 值	Sig.
常数项	2.358	2.270	0.024
X_1	3.642	2.478	0.014

续表

变量名	系数	T 值	Sig.
X_2	7.170	4.879	0.000
X_3	10.509	7.151	0.000
X_4	16.321	11.106	0.000
X_5	18.491	12.582	0.000
调整的 R^2	0.425		
F 值	47.832		0.000

对比第三章对均衡解的预测值，53 名被试者中，局中人 C（独立董事）对 2—6 号分配方案的惩罚点数与具有 F&S 偏好，并且 $\beta_i = 0$，$\alpha_i > 0$ 时的均衡解一致的人数所占比例分别为：25%、32%、26%、32% 和 11%。具有 F&S 偏好，并且 $\beta_i = \alpha_i$ 时，惩罚点数均衡解的比例为 36%、26%、26%、23% 和 13%。

综上所述，利他惩罚是普遍存在的，因此独立董事监督的利他惩罚理论基础得到了证实，即在不存在其他积极或消极因素对监督及惩罚行为影响条件下，社会规范以及利他惩罚对独立董事的监督作用的影响是显著的，因此，本书提出的假设 1b 得到了证实。同时，文化的影响也存在。这一结论的意义在于，如果没有其他因素影响，即使实践中没有声誉激励或经济激励促使独立董事实施积极监督，出于社会偏好激励的利他惩罚偏好或行为也会使独立董事对公司内部人的监督作用在一定程度上也是有效的。然而，这种偏好的影响很容易被外部激励及其他社会偏好挤出。一些消极影响因素的存在可能减弱、挤出或抵消独立董事基于利他惩罚的积极监督行为。

二　提名方式对监督作用的单一影响

这一小节研究的是，在基础条件的实验参数设置基础上，考察机制设计中提名权的单纯引入对独立董事监督作用产生的影响。因此，首先将基础条件与实验条件 2 和条件 3（内部人 A 提名独立董事 C 和小股东 B 提名独立董事 C）下 C（独立董事）惩罚值的中值和均值一一进行比较。

表 4-7 分别展示了三种条件下与方案 1 至方案 6 对应的样本惩罚值中值及均值。可以发现，平均来看，利他惩罚激励致使基础条件下 C 对 A 的各种分配方案进行了一定程度的惩罚，并且惩罚值单调递增。

而在 A（内部人）提名 C（独立董事）的条件下，以均值为例，面对方案 2、方案 3 及方案 4 时，C 的惩罚值相对于基础条件略为降低；面对方案 5 和方案 6 时，即当 A 选择转移 10 及 0 时，C 的惩罚值比条件 1 分别减少 5 点及 4 点。这个结果部分上支持了本书提出的假设二，即由 A 提名监督者 C，对 C 的惩罚值有负影响。

在 B（小股东）提名 C（独立董事）的条件下，惩罚值的均值在各方案都高于基础条件，而在面对方案 4 时，高出 3 点，其他条件下高出的幅度更低，几乎没有差异。将条件 2 与条件 3 进行比较，C 对方案 2 和方案 3 的惩罚值，在 B 提名时（条件 3）的均值高出在 A 提名 C（条件 2）时 2 点，而对方案 4 至方案 6 的惩罚值，条件 3 下的均值分别高出条件 2 下 5 点、6 点和 6 点。因此，平均来看，B 提名对 C 提高对 A 的惩罚值有积极影响。总的来看，提名权的赋予会影响 C 惩罚值，这暗示着提名方式对独立董事监督作用有影响。

表 4 - 7　　　　　　　三种条件下惩罚值的中值及均值比较

实验条件		方案 1	方案 2	方案 3	方案 4	方案 5	方案 6
基础条件	中值	0	5	10	15	20	25
	均值	2	6	10	13	19	21
A 提名 C	中值	0	5	8	10	13.5	18
	均值	4	5	9	11	14	17
B 提名 C	中值	0	5	10	16.5	20	30
	均值	3	7	11	16	20	23

尽管上述关于独立董事惩罚值平均水平的比较揭示了提名方式对监督作用的影响，然而，在得出有力结论前，仍需要对数据进一步非参数检验。

将三种条件下被试者 C（独立董事）对方案 2 的惩罚值进行比较，尽管 3 个相关样本的 Friedman 检验和 Kendall'W 统计量值暗示，3 个样本无显著差异（$\chi^2 = 5.790$，$p = 0.055$），但是，将三种条件进行两两比较，结果显示，条件 2（A 提名 C）与条件 3（B 提名 C）下，Wilcoxon 符合秩检验结果表明，两种条件下的惩罚值存在显著差异，并且在统计上显著

（$Z = -2.329$，$p = 0.020$）。这意味着，相对内部人提名独立董事，小股东提名独立董事这一提名方式使独立董事对分配方案 2 的惩罚有所提高。

将实验中的独立董事（局中人 C）对方案 3 在三种条件下的惩罚值两两比较，两个相关样本的非参数检验结果显示，三种条件之间无显著差异（见表 4 - 8）。但是，小股东还是内部人提名独立董事两种方式间还是存在微弱差异的（$p = 0.071$）。

表 4 - 8　　　　　　　　　Wilcoxon 符号秩检验统计量

	内部人提名独立 董事——条件 1	小股东提名独立 董事——条件 1	小股东提名—— 内部人提名
Z 统计量	-0.665^a	-1.444^b	-1.806^b
显著性（双尾）	0.512	0.149	0.071

注：a 基于正秩，b 基于负秩。

同样，将三种条件下独立董事（局中人 C）对方案 4 的惩罚点数进行两两比较，Wilcoxon 符合秩检验结果表明，条件 3 与条件 1 以及条件 3 与条件 2 之间的差异在统计上是显著的（Z 分别为 2.293 和 3.415，p 分别为 0.022 和 0.001）。说明小股东提名独立董事条件下的监督较基础条件和内部人提名独立董事时都有显著提高。这个结果支持了假设三。

进一步将三种条件下独立董事对方案 5 的惩罚点数进行两两比较，两种相关样本非参数检验结果都显示，条件 2 与条件 1 以及条件 3 与条件 2 之间存在着显著差异。Wilcoxon 符合秩检验的 Z 分别为 -3.126 和 -3.273，对应的 p 分别为 0.002 和 0.001；符号检验（Sig. Test）的 Z 分别为 -2.109 和 -3.082，对应的 p 分别为 0.035 和 0.002。这些结果表明，在独立董事决定对内部人很不平等分配方案（即内部人转移给小股东 10 点）的惩罚点数大小时，内部人提名独立董事会使独立董事对内部人惩罚的点数有所减少，而小股东提名独立董事会使独立董事用于惩罚的点数高于内部人提名情况，这些证据有力支持了假设二和假设三的预测。

最后，将三种条件下 C 对方案 6 的惩罚点数进行两两比较。两种相关样本的非参数检验结果都显示，条件 2 与条件 1 以及条件 3 与条件 2 之间存在着统计上显著的差异。Wilcoxon 符合秩检验的 Z 分别为

－2.446和－2.498，对应的 p 分别为 0.014 和 0.012；符号检验的 Z 分别为 －2.028 和 －2.055，对应的 p 分别为 0.043 和 0.040。与方案 5 的结果一致，这些结果表明，当独立董事决定对内部人极端不均等分配方案的惩罚值大小时，内部人提名独立董事会使独立董事显著的减少对内部人惩罚的点数，而小股东提名独立董事会使独立董事用于惩罚的点数显著高于内部人提名的情况，这些证据再次有力支持了假设二和假设三。

此外，为了对样本中个体的惩罚模式进行深入探索，笔者进一步对条件 1 与条件 2、条件 2 与条件 3 之间的差值进行因子分析和聚类分析。首先，将两组 C（独立董事）对 6 个分配方案的惩罚值差值进行因子分析，特征根大于 1 的成分有 2 个，矩阵见图 4－2 和表 4－9。

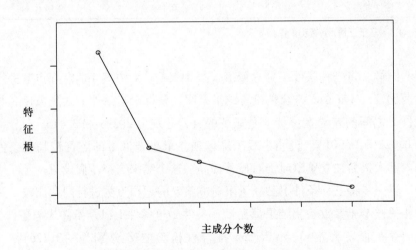

图 4－2 探索个体惩罚模式的主成分分析

因子分析结果提取的两个因子，区分了平均分配的方案和非平等分配方案。用由因子分析生成的新变量再进行聚类分析。将分类数设置为 4，条件 1—条件 2 的差值中，1 类与 3 类代表，条件 2 的惩罚值等于或低于条件 1，统计结果显示，50 人中，属于 1 类和 3 类的分别为 33 人和 3 人，占了 72%。条件 2—条件 3 惩罚值的差值中，2 类和 4 类均代表，条件 3 的惩罚点数高于条件 2，统计结果显示，50 人中属于 2 类和 4 类的分别有 20 人和 6 人，超过 50%。

此外，从结果中还可以发现，样本中存在着条件 2 下的惩罚点数低于基础条件并且同时条件3下的惩罚点数高于条件2的个体行为模式。50人中有20人的惩罚行为呈现这样的模式，占40%。

表4-9　　　　　　　　　　　　探索个体惩罚模式的主成分矩阵

	成分	
	条件1	条件2
方案1	-0.177	0.915
方案2	0.664	0.342
方案3	0.810	0.283
方案4	0.841	-0.119
方案5	0.919	-0.061
方案6	0.789	-0.175

资料来源：笔者实验数据。

　　总的来看，这些结果及进一步深入分析都表明，独立董事监督博弈关系中，提名权赋予内部人还是中小股东对相当一部分人的独立董事监督及惩罚行为力度大小有显著影响，尤其体现在当分配方案极端不平等时，提名方式对惩罚尺度的影响更为显著。这些结果表明，实践中，大股东对独立董事的提名权会对独立董事监督大股东的利益分配提案以及对大股东侵害中小股东利益提案的表决产生消极影响。

　　三　组别对监督作用的单一影响

　　第4轮的设计在第1轮基础上仅增加了名义组因素。首先将条件4与基础条件下数据的基本描述性统计量进行一一比较，图4-3和图4-4分别呈现了两种条件下独立董事对A（内部人）从方案2到方案6的惩罚点数的中值和均值的对比情况。

　　从图4-3和图4-4中可以发现，C（独立董事）与A（内部人）同名义组这个组别因素对独立董事在内部人的非均等分配方案的惩罚点数的影响显而易见。如图4-3所示，组别使样本的中值显著降低，除方案2相差4点外，对其余4个方案的惩罚值的差值均超过5点，最小为7点，最高相差15点。

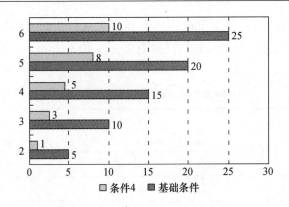

图4-3 基础条件与条件4下惩罚值的中值比较

通过基础条件与条件4下独立董事（C）惩罚值的均值比较也同样发现类似结果（见图4-4）。C对A的方案3至方案6惩罚点数在两种条件下的差异分别为6点、7点、11点和11点。因此差异是明显的。

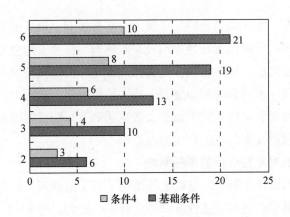

图4-4 基础条件与条件4下惩罚值的均值比较

此外，条件4下，组别因素致使样本中选择了对A的6个方案均惩罚0点的人数骤然增加。基础条件、条件2及条件3下，不惩罚者的人数分别为2人、3人及3人，而条件4下，对应人数为13人。与基础条件相比，增加了11人。这支持了第三章组别影响理论分析部分计算的均衡解的预测。这一证据也支持与内部人同组的组别因素消极地影响了社会偏好对独立董事实施监督及惩罚的激励这一假设。因此，假设4初步得到验证。在得出结论前，还需要进行进一步非参数检验。

首先，将在条件 1 与条件 4（组别）下 C 对 A 的方案 2 的惩罚点数进行比较。Wilcoxon 符号秩检验 Z 统计量的值为 -3.098，$p = 0.002$；符号检验的 Z 值为 -3.627，$p = 0.000$，这些结果都表明，惩罚点数在两种条件下的差异在统计上显著。两种两相关样本的非参数检验都提供了两种条件对 C 的惩罚值的影响存在差异的证据。

将 C 对 A 的方案 3 在基础条件与条件 4（组别）下的惩罚点数进行比较发现，Wilcoxon 符号秩检验 Z 统计量的值等于 -4.376，$p = 0.000$；符号检验的 Z 值为 -4.783，$p = 0.000$，这些结果也都表明，对方案 3 的惩罚点数在两种条件下的差异在统计上显著。两种两相关样本的非参数检验又提供了两种条件对 C 的惩罚值的影响存在差异的证据。

分别运用两种两相关样本的非参数检验方法将条件 1 与条件 4（组别）下 C 对 A 的方案 4 的惩罚点数大小进行比较。两种方法再次得出一致的结果。Wilcoxon 符号秩检验 Z 统计量的值等于 -4.436，$p = 0.000$；符号检验的 Z 值为 -4.475，$p = 0.000$，这些结果也都表明，条件 1 和条件 4 下 C 对方案 4 的惩罚值存在着差异，并且在统计上是显著的。与前两种情况一致，条件 4 下的整体惩罚点数水平显著低于条件 1 下的水平。

再将 C 对 A 的方案 5 在基础条件与条件 4（组别）下的惩罚点数比较。两种两相关样本的非参数检验都支持"两种条件对 C 的惩罚值的影响存在差异"的预测。Wilcoxon 符号秩检验 Z 统计量的值是 -4.980，$p = 0.000$；符号检验的 Z 值为 -5.185，$p = 0.000$，这些结果也都表明，对方案 5 的惩罚点数在两种条件下的差异在统计上显著。

最后，将 C 对 A 的方案 6 在条件 1 与条件 4（组别）下的惩罚数值进行比较。Wilcoxon 符号秩检验 Z 统计量的值是 -4.766，$p = 0.000$；符号检验的 Z 值为 -4.585，$p = 0.000$，这些结果表明，对方案 6 的惩罚点数在两种条件下的差异在统计上显著。两种两相关样本的非参数检验再次得出一致的结果，都暗示了两种条件对独立董事（C）的惩罚值的影响存在差异，并且，所有 C 对方案 2 至方案 5 的 4 个方案的惩罚水平在条件 4 时均显著低于基础条件，这些结果证实了简单组别设置对监督行为产生的消极效应。

以上逐一提供了组别对 C（独立董事）监督并惩罚 A（内部人）的非均等方案所产生影响的证据。结果显示，形式独立或组别效应使 C 显著减少了对 A 的惩罚，这些由非参数检验得出的结果与简单描述性统计概括的结果是一致的，都有力地说明了组别关系或形式独立抵消了利他惩罚对独立董事监督行为产生的内在激励，进而减弱了惩罚行为存在的程度和强度。这些结果有力地支持了本书的假设四，即独立董事将内部人视为组内人，而将中小股东视为组外人这种组别因素将减弱独立董事对内部人的监督。

四 提名方式与组别因素的相互影响

本实验条件5（内部人提名独立董事：A 提名 C，并且，内部人与独立董事同组：A 与 C 同组）和条件6（小股东提名独立董事：B 提名 C、内部人与独立董事同组）试图检验利他惩罚激励、提名方式与组别三种因素同时存在时，各因素相互影响情况下，每个因素对独立董事监督行为产生的各自效果，以识别哪些因素更为重要，哪些因素的作用被减弱。

表4-10 实验一六种条件下 C 的惩罚值中值比较

实验条件	方案2	方案3	方案4	方案5	方案6
1	5	10	15	20	25
2	5	8	10	14	18
3	5	10	17	20	30
4	1	3	5	8	10
5	0	2	4	4	5
6	5	10	15	20	25

首先，通过条件5、条件6与前面其他4种实验条件下的惩罚值基本描述性统计指标比较发现，从总体平均水平看（见表4-10和表4-11），条件5的中值和均值均明显低于条件1。这意味着，A 提名 C 并且 A 与 C 同组两个因素同时存在对 C 的惩罚值的影响仍然存在。

表4-11 实验一六种条件下 C 的惩罚值均值比较

实验条件	2	3	4	5	6
1	6	10	13	19	21
2	5	9	11	14	17
3	7	11	16	20	23
4	3	4	6	8	10
5	3	5	7	8	9
6	5	9	13	16	21

　　具体来看，将条件5的中值与其他条件下的中值进行比较可以发现，条件5下C的惩罚值中值明显低于条件1、条件2和条件4，由于前面3节中对实验结果的分析已经证实了A提名C（条件2）这个因素和A与C同组（条件4）这一因素单独作用时分别会对监督及惩罚行为产生负的影响，由于两者影响方向一致，这里的新证据表明，两个因素同时作用于因变量时，由于惩罚值明显低于条件2和条件4，因此这意味着A提名C这一因素与AC是否同组这一因素可能存在交互效应，并且简单效应与交互效应影响趋势一致。

　　对条件6与条件3、条件4下C的惩罚值的中值进行比较。由于前面3节的分析已证实对相对A提名C这一提名方式，B提名C会使惩罚值增加，而A与C同组这一因素会减弱惩罚效应，两个因素对监督及惩罚行为的影响是相互抵消的关系。如表4-10所示，条件6下中值明显高于条件4，而条件6和条件3的中值有一些差异（对于方案6，条件6低于条件3下5点），因此，基于这些初步结果可以发现，尽管A与C同组会削弱C的惩罚力度，然而B提名C这一积极影响因素能够抵消组别对因变量产生的一部分消极影响。

　　将条件5下C的惩罚值均值与条件1、条件2和条件4比较，可以发现总体平均水平是否也与基于中值的比较一致，从表4-11中可以看到，条件1和条件5有明显差别，条件2和条件5也有一些差别，然而，条件5和条件4的差别不大，结果显示，A提名C这一因素与AC同组因素两者同时作用时对因变量的影响也是很大的。然而，A提名C这一因素并没有致使惩罚值的降低在组别负影响基础上加大。总之，组别的影响大于A提名C的影响。

　　当比较条件6（B提名C，同时A与C同组）与条件1、条件3（B提名C）和条件4（单一组别）下C惩罚值均值时，数据显示，条件6的均值低于条件3，两者之间的差异存在，但是不大，而条件6的均值在方案3至方案6时明显高于条件4，在方案6时两条件相差高达11点。结果表明，组别在B是否提名条件下都起作用，在不存在B提名C的条件时，对因变量的影响较大，而条件4和条件6之间的差异也表明，B提名C这一因素对于减弱A与C同组对因变量的消极影响是有效的。然而，条件3与条件6之间的一些差距也说明组别存在的负面影响无法仅由B提名C这一条件完全消除。

尽管在数据描述性统计量基础上的分析与本书理论模型的预期一致，然而接下来还需要对数据进行进一步的非参数检验，以获得支持假设更有力的证据。

将条件 5 与条件 2 及条件 4 下 C 针对方案 2 至方案 6 的惩罚点数进行两个相关样本的非参数检验，Wilcoxon 符号秩检验的结果与符号检验两种方法得到的结论都一致，这里将利用前一种方法对比分析时，统计量及显著性水平报告如下。

表 4 – 12 数据显示，条件 5 与条件 2 下 C 对 A 的各非平均分配方案的惩罚点数存在较大差异，并且这种差异在统计上是显著的（$p = 0.000$），因变量在 A 提名 C 和组别同时作用时，比 A 提名 C 因素单独作用时，显著减少。非参数检验结果还显示，条件 5 与条件 4 下的惩罚值无显著差异，由于条件 5 的惩罚水平同时低于条件 2，说明包含 2 个因素的对因变量影响方向一致。从这两个目前的新发现可以得出的论断是，组别因素会在 A 提名 C 因素基础上发挥作用，然而 A 提名 C 因素在组别因素影响基础上不能发挥额外作用，即 2 个因素组别覆盖了 A 提名 C 因素的影响。

表 4 –12　　　　　　　　　Wilcoxon 符号秩检验结果

对比条件		方案 5 至方案 2	方案 5 至方案 4
2	Z 值	– 3.586	– 0.331
	p 值	0.000*	0.741
3	Z 值	– 4.372	– 0.485
	p 值	0.000*	0.628
4	Z 值	– 3.733	– 0.506
	p 值	0.000*	0.613
5	Z 值	– 3.610	– 0.402
	p 值	0.000*	0.688
6	Z 值	– 4.102	– 0.761
	p 值	0.000*	0.447

注：标记 * 为显著。

尽管暂时没有得到两因素交互作用的统计支持，但前面对描述性结果的简单分析表明，两种因素的交互效应还是存在的。没有出现这种效应的原因有三个：其一，群体中有一些个体的行为具有随意性或是其行为在两轮间出现逆转，掩盖了交互效应模式的识别。对样本中个体的行为模式进行深入探索发现了支持这种理由解释的证据，50 人中有 16 人（占 32%）的惩罚值在条件 5（A 提名 C，AC 同组）时低于条件 4（AC 同组），对这 16 个人的数据进行非参数统计分析，结果发现，两种条件下因变量的差异在统计上高度显著（$p < 0.01$，具体见表 4 - 13），即 AC 同组时，A 提名 C 与否有显著差别，对这一部分人两个因素同时作用时的影响大于任何一个因素单独作用的效果。其二，得到这样结果的原因还与实验设计的参数有关，实验中，C 最小惩罚 0 点，即使 A 提名 C 与 AC 同组的效应大于组别单独作用时的效应，但由于组别效应的影响是巨大的，导致组别单独的影响就已经致使相当一部分被试者选择了对所有方案都惩罚 0 点，这样，两个因素同时存在时，惩罚水平不可能再减少，因此，这也是导致条件 5 与条件 4 之间的惩罚值无显著差异的原因之一。从对个体行为的观察中找到了支持这种理由的证据。50 人中有 10 人（占 20%）在条件 4 及条件 5 时均对 A 的方案（方案 2 至方案 6）选择惩罚 0 点。其后，50 人中有 5 人（10%）的个体在第 2 轮的惩罚数值完全相同，但是均大于 0 点，对这种行为提出两个解释：第一，尽管 A 提名 C 和 A 与 C 同组单独作用时影响都起作用，但是由于利他惩罚对监督行为的影响促使被试者实施惩罚也存在一个非 0 的下限，这种情况与第二种原因是一致的，5 人中有 3 人，代号为 4、24 和 33 号的个体其第 1、4、5 轮的惩罚点数在第 4、5 轮相同，但是显著低于第 1 轮（见表 4 - 14）。第二，对于群体中很少一部分人，其利他偏好对监督行为的激励是极其强烈的，导致其监督激励不受组别因素以及提名带来的互惠因素干扰，始终实施无偏的监督。这可以通过比较这部分第 1 轮、第 4 轮和第 5 轮的惩罚点数来识别，如果 3 轮的数值完全或近似相同，则支持了这种解释。在本书研究的 5 人子样本中，3 号和 16 号被试者的决策呈现了这样的模式（见表 4 - 15）。

表 4 - 13　　　　在 16 人的子样本比较条件 5 与条件 4 的差异
（Wilcoxon 符号秩检验）

条件	2	3	4	5	6
Z 值	-2.947	-2.831	-2.952	-3.186	-3.108
p 值	0.003	0.005	0.003	0.001	0.002

表 4－14 个体惩罚行为模式（惩罚点数）之一

被试者代号		方案 1	方案 2	方案 3	方案 4	方案 5	方案 6
24 号	条件 1	0	4	13	20	25	0
	条件 4	0	0	0	3	6	10
	条件 5	0	0	0	3	6	10
33 号	条件 1	5	5	15	20	30	30
	条件 4	1	1	1	1	0	0
	条件 5	1	1	1	1	0	0
4 号	条件 1	0	5	10	15	20	25
	条件 4	0	2	4	6	8	10
	条件 5	0	2	4	6	8	10

　　运用 Wilcoxon 符号秩检验与符号检验两种两相关样本非参数检验方法对条件 6（B 提名 C 并且 A 与 C 同组）与条件 3（B 提名 C）及条件 4（A 与 C 同组）下 C 对 A 方案 2 至方案 6 的惩罚值分别进行对比。

表 4－15 个体惩罚行为模式之一

被试者代号		方案 1	方案 2	方案 3	方案 4	方案 5	方案 6
3 号	条件 1	0	5	10	15	20	33
	条件 4	0	5	10	15	20	33
	条件 5	0	5	10	15	20	33
16 号	条件 1	15	15	23	26	30	33
	条件 4	16	20	23	26	30	33
	条件 5	16	20	23	26	30	33

表 4－16 Wilcoxon 符号秩检验结果

对比条件		条件 6 至条件 3	条件 6 至条件 4
方案 2	Z 值	－2.504	－2.763
	p 值	0.012*	0.006*
方案 3	Z 值	－2.130	－3.944
	p 值	0.033*	0.000*

续表

对比条件		条件 6 至条件 3	条件 6 至条件 4
方案 4	Z 值	− 2. 384	− 4. 760
	p 值	0. 017 *	0. 000 *
方案 5	Z 值	− 2. 354	− 4. 211
	p 值	0. 019 *	0. 000 *
方案 6	Z 值	− 1. 079	− 4. 588
	p 值	0. 281	0. 000 *

注：标记 * 为显著。

表 4 – 16 列出了统计值，数据显示，条件 6 与条件 3 在方案 2—5 时都存在统计上显著的差异（$p < 0.05$），并且，条件 6 的惩罚点数显著小于条件 3。这意味着，尽管 B 提名 C 对 C 加大惩罚有积极影响，然而，A 与 C 同组这一条件的加入显著削弱了 C 的惩罚力度。另外，条件 6 与条件 4 各个非平均分配方案下的惩罚点数的差异显著（$p < 0.01$），并且条件 6 显著高于条件 4。这说明，与对描述性统计量的分析一致，B 提名 C 可以减弱 AC 同组对因变量消极影响的程度。

总的来看，组别和提名方式对独立董事监督作用具有影响的相关假设均得到实验数据的支持。

小　结

本章通过一个实验对提名方式与组别等因素对中国独立董事监督作用的影响进行了分析和检验，详细概述了实验的参数设置、实验方法和程序等问题，分析了实验结果，并对假设进行检验，还总结出一些结论，这些结论概括如下：

在不存在其他影响因素时，利他惩罚因素对中国民众第三方监督行为的激励显著，即群体中存在一些具有利他惩罚偏好的个体，因此，利他惩罚是独立董事发挥监督作用的一种较强激励。但是，这种激励很容易被经济激励及其他社会偏好因素挤出。在实验基础上，提名方式因素和组别因素对独立董事监督作用影响的单独效应也都显著。具体来看，实验结果表明，内部人提名独立董事这种提名方式对独立董事的监督作用产生消极影响，而小股东提名独立董事这一方式对独立董事的监督作用所产生的影响则依情况而定，有时会产生积极影响，有时产生的影响则不显著。组别因素影响强于提名方式影响。当利他惩罚、由提名权引发的互惠偏好以及组别因素同时存在时，对大部分人来说，组别因素对独立董事监督作用产生的影响更为显著，组别因素能够在提名方式对独立董事监督作用产生影响基础上仍起到显著作用。此外，在组别因素影响下，小股东提名独立董事这一提名方式对独立董事的监督产生的积极影响能减弱组别对独立董事监督行为所产生的消极影响，却不能完全消除这种影响。这暗示了实质独立的重要性。此外，本章还对实践中无法观测到的组别和提名方式产生的部分交互影响原因进行了探索性的解释。当组别关系以及内部人提名权引发的互惠偏好对独立董事的监督行为同时起作用时，利他惩罚偏好对绝大多数人也起到微弱的作用，导致其惩罚点数为一个接近于 0 的最小数值，同时，仅对极少一部分人具有强烈的影响，以至于使从整体上看群体的惩罚力度与组别和互惠偏好两个因素不存在差异。

上述发现揭示了任免机制对独立董事监督作用的影响机理，即将提名权赋予大股东或是中小股东，独立董事是否与大股东或 CEO 有着外界难以识别的非独立组别关系，都会对独立董事有效监督公司内部人产生重要影响。其中，组别关系即非实质独立对独立董事的监督产生消极影响，而大股东提名独立董事也对独立董事监督产生消极影响，并且组别能够加大内部人提名独立董事这一方式对独立董事监督所产生的消极影响。

这些结果表明，改革提名方式虽能增强独立董事的监督作用，提高独立董事的实质独立性更为关键，然而，在独立董事已经占上市公司董事会一定席位比例基础上，进一步要求上市公司提高独立董事所占比例对于提高董事会实质独立性的帮助是极为有限的。在独立董事提名方式改革基础上，首先建立形式独立的提名委员会是一种增强董事会实质独立性的可行途径。

第五章 罢免方式与竞争对中国独立董事 监督作用的影响：实验检验

本章实验的目的是识别罢免方式和竞争机制因素对独立董事监督作用的影响，分别介绍本章实验的具体参数设计和实验方法，对实验结果进行分析和报告。

第一节 实验设计

本章实验仍然保留和实验一（第四章的实验）设计相同的基本条件，目的是为了检验罢免权或竞争机制与实验一中的提名方式和组别因素同时存在时，对独立董事监督作用的影响。实验一以及本章实验的基本条件描述如下，局中人包括公司内部人（大股东或总经理）、小股东和独立董事的博弈关系如第二章独立董事监督博弈的图 2－4 所示。鉴于绝大多数实验为了避免情境对被试者决策产生影响都需要将具体情景进行抽象，因此，在实验二中，并没有出现"上市公司"或是"大股东"、"独立董事"、"小股东"或"总经理"的字样，局中人（内部人、小股东、独立董事）的角色分别用 A、B、C 来代替。由于本研究的公司情境实验是在 Fehr 和 Fischbacher（2004）基础上根据实践中独立董事监督存在的问题所设计，当抽象掉具体情境后，实验一和实验二的基础处理条件中，局中人博弈关系及参数设计等就与 Fehr 和 Fischbacher（2004）中的 UG－TP 实验设计基本相同。而其他实验处理条件则是在此基础上的实验设计。

局中人 A、B 和 C 的行为能力具体如下所述。上市公司内部人，即这里的 A 具有从实验提供的 6 种方案中选择如何在自己与 B 间分配 100 点的权力，代表小股东的 B 没有决策权，只能接受内部人 A 的决策，而代表独立董事的 C 在开始有 50 点禀赋，有预先根据 A 可能的分配方案对 A 进行惩罚的权力，·C 的决策表如实验一所示，x 为 C 从自己 50 点中拿出用于惩罚 A 的点数。A 知道 C 的存在和权力，C 不知道 A 的实际选择。

　　为了便于实验研究者的分析和报告，尽管本章这一实验（实验二）和第四章实验（实验一）的结果来源于两个不同样本，但实验二的处理条件的命名仍然和实验一间具有延续性，在实验二中，5 个处理下（对应为 5 轮）决策分别被称为第 1、第 7、第 8、第 9 和第 10 轮。与此相对应，在下面的分析中，5 种处理条件，也被称为条件 1（基础条件）、条件 7、条件 8、条件 9 和条件 10。

　　实验二最主要的目的是试图检验罢免权和竞争机制对独立董事监督作用的影响。罢免权在不同处理条件下分别赋予不同人，在条件 7（第 7 轮）时由 A 拥有，第 9、第 10 轮由 B 拥有。举例说明，罢免方式的设置通过"A（或 B）具有罢免 C 的权力"的语句实现；而第 8 轮检验了竞聘机制的作用，即告知被试者只是以候选者的身份填写决策表，然而由 A 根据 2 名竞争者的决策表从中选出 1 人。

　　因此，实验二共有 5 种处理条件，基础处理条件和第 7、第 8 轮检验 A 的罢免权和竞争机制，而第 9、第 10 轮检验 B 罢免权与 AC 同组因素和 B 提名因素之间的交互关系。5 种条件概括为：基础条件（同第四章实验的基础条件相同）、条件 7（A 罢免 C）、条件 8（两名 C 的竞选者，A 选择 C）、条件 9（B 罢免 C）、条件 10（B 提名 C，A 与 C 同组，同时 B 罢免 C）。

　　实验二仍采用被试者内设计，即参加实验的被试需要填写条件 1、条件 7 至条件 10 的全部 5 轮对 A 惩罚的点数。实验主体说明与实验一完全相同，实验主体说明提到，尽管实验总体说明适用于各轮决策，但各轮决策是独立的，因此，免去了各种条件呈现给被试者的顺序问题。

　　由于同 Fehr 和 Fischbacher（2004）一致，本实验在引导 C 惩罚值大小时也采用策略方法。对于每轮的决策表，C 需要填写 6 个惩罚数值。这样，相比序列决策实验数据点增加了 5 倍。

第二节　实验方法

　　与前一章实验相对应，本实验也仍采用纸和笔的方法。

　　实验主体说明和各轮实验中 C 的决策表在 Fehr 和 Fischbacher（2004）

基础上，根据本实验试图检验的变量设计完成。与实验一相同，在正式实验前，大约 60 名本科学生参加了预实验。针对从预测实验中发现的问题对实验说明及问卷都进行了修改。

　　此外，本实验在 5 轮结束后，与实验一相同，同样请被试者填写了关于 6 种分配方案公平性的小调查（如表 5 - 1 所示），以发现不同个体间公平态度的差异。同时，也将这一被试的公平态度作为一个控制变量。

表 5 - 1　　　　　　　　　　C 的公平态度问卷

A 的 6 个方案序号	A 分给自己的点数	A 分给 B 的点数	公平性			
			非常公平	可以接受	不公平	非常不公平
1	50	50				
2	60	40				
3	70	30				
4	80	20				
5	90	10				
6	100	0				

一　被试者

　　实验二共有 47 人参加。第 1 轮、第 7 轮和第 10 轮的实际参与人数均为 47 人。然而，由于第 8 轮和第 9 轮中均有 1 人没提交决策表，导致这 2 轮实际参与人数为 46 人。他们均是大学本科生，年龄（有 1 个缺失值）的平均值和中值均为 21 岁，最小 19 岁，最大 23 岁；47 名被试者中，男性 38 人，女性 9 人；被试者的专业分别为，机械相关专业、机电相关专业、及工业工程，均为理工科专业，且同属一个学院；此外，被试者都没有参与过任何相关的经济学或心理学实验，因此是无经验的。

二　程序

　　由于实验是匿名的，每个被试者被随机分配到一个代号（1—47 号中非重复），这个代号被要求填写到每一轮答题纸上。被试者之间也被要求不许交流，在收回每个人每轮决策表时，被试者被要求将答题纸的背面递交。如果有问题，由实验主持人逐一解答。

　　实验开始前，主持人宣布兑换比率为，1 点 =0.1 元，实验大约进行 1 小时，因此，这个收入平均相当于每小时 30 元；尽管实验并没支付被试者实际收入，但是，主持人请求被试者在决策时，为了科研的目的，要想象自己是在真实支付的情形下进行决策。每个参加者被赠送了小礼物（一支水性笔和一个笔记本）。由于本书研究的是公司情景下，独立董事的决策，即使支付被试者报酬，30 元左右的报酬无法与平均 4 万—5 万元的独立董事车马费相比。此种不支付实验报酬与决策无关，但是请被试者帮忙想象是真实金钱实验的方法，来自 Kahneman 等开创的研究人类风险偏好决策的实验，由于研究者无法支付风险决策实验中的风险奖金，因此，被试者从实验所获收入并没有与其决策挂钩，但这种方法仍被很多相关研究证明是有效的。

第三节　实验结果

本部分报告基础实验处理条件，分析罢免权和竞争机制的影响，并分析罢免权是否在提名权和组别因素影响基础上发挥作用。

一　独立董事监督的利他惩罚激励检验

与第四章实验的基础条件相同，本章的基础实验条件亦试图检验排除对声誉的关注等因素影响，利他惩罚偏好对独立董事监督作用的影响。这一检验结果将会对独立董事监督的理论基础研究有一定积极作用。

表 5－2 展示了此轮 C（独立董事）对 A（内部人）的 6 种可能分配方案的惩罚点数的基本描述性统计量，包括中值、均值、最小值和最大值。

表 5－2　　　　　　　　　第一轮 C 惩罚点数描述性特征

变量（方案）	个数	中值	均值	最小值	最大值
1	47	0	2	0	16
2	47	5	7	0	20
3	47	10	10	0	23
4	47	14	13	0	26
5	47	20	17	0	30
6	47	25	20	0	35

从表 5 – 2 可以看出，平均来看，对于 A（内部人）的非平均分配的方案，C（独立董事）的惩罚是大于 0 的，且随着方案的不平均程度提高，惩罚水平逐渐提高，例如，在方案 2 时，惩罚的中值为 5，而在方案 6 时，这一数值为 25。对于 A 的每个可能方案，样本中对 6 个方案的最小惩罚点数都是 0 点，而各方案惩罚点数的最大值随着 A 的分配方案的不公平程度呈现递增趋势，在 50—50 的 1 号分配方案中为 16 点，6 个方案中的最高值出现在 6 号方案中，为 35 点。由于惩罚比例为 C 的 1 点减少 A 的 3 点，因此，C 对各方案惩罚点数的最大值导致 A 在各方案下的点数接近于 0。

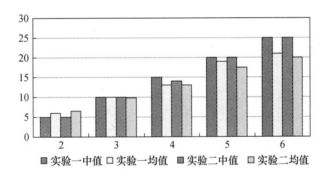

图 5 – 1 实验一与实验二基础条件下 C 对 A 的方案 2 至方案 6 的惩罚值比较

将本实验与实验一基础条件下惩罚点数平均水平进行比较，图 5 – 1 显示出两个实验几乎不存在差异，表示中值水平的实验 – 中值柱体与实验二中值之间除了方案 3 有细微差异，其余均相等，而表示均值水平的实验 – 均值柱体与实验二均值柱体之间的差距也很微弱，说明本研究两个实验结果的可靠性。这也为本实验其他结果与实验一结果进一步比较奠定了基础。

将 C（独立董事）对 A（内部人）各方案的惩罚点数对各方案变量构建如下模型：

$$Y = a + b_1X_1 + b_2X_2 + b_4X_3 + b_4X_4 + b_5X_5 + 误差项 \qquad (1)$$

自变量含义为，Y：C 对 A 惩罚值。

$X_1 - X_5$：值为 1 时分别表示相对 1 号方案如果惩罚的点数是针对 2—6 号分配方案，否则为 0。

对模型（1）的变量进行回归分析，自变量系数及显著性以及其他指标见表 5 - 3。结果显示，模型的 F 值为 36.018，p 值为 0.000。除常数项系数不显著外，方案 2 至方案 6 变量的系数为正，并且在统计上显著（$p < 0.01$）。常数项系数不显著说明，对于 50—50 的平均分配方案，惩罚水平与 0 无显著差异。对于其他方案，C 对 A 惩罚的点数显著的。在其他条件不变情况下，分别针对方案 2、方案 3……和方案 6 时，C 的惩罚点数相对方案 1 分别增加 4.7 点、8.1 点……18 点。分配方案在 A 与 B 间分配的点数越不均等，C 对 A 的惩罚值也越来越高。

表 5 - 3　　　　　　　　　　　回归分析结果

变量名	系数	T 值	Sig.
常数项	1.809	1.594	0.112
方案 2	4.723	2.944	0.004
方案 3	8.064	5.026	0.000
方案 4	4.723	6.936	0.000
方案 5	15.681	9.774	0.000
方案 6	18.213	11.352	0.000
调整的 R^2	0.384		
F 值	36.018	0.000	

此外，对于 C 对 A 每个可能方案选择 0 点惩罚值的个体人数进行统计发现，47 人中，对于 A 与 B 均分 100 点的 1 号方案，惩罚为 0 的人数为 32 个。对于其他分配方案惩罚 0 点的人数也都大于 0（见表 5 - 4），但是与实验一结果不同。

表 5 - 4　　　　　　　C 对 A 各方案惩罚 0 点的个体人数统计

方案	方案 1	方案 2	方案 3	方案 4	方案 5	方案 6
人数	32	6	4	3	5	4

将实验后的 C 对 A 各可能分配方案的公平性问卷调查进行统计和分析，由于代号为 33 的被试者对方案 3 没有填写，方案 1、方案 2、方案 4、方案 5 和方案 6 的有效数据点均为 47，而去掉 1 个缺失值后方案 3 的有效

数据点为 46。同实验一一致，对每个方案的评价有 4 个分类，"非常公平"、"可以接受"、"不公平"和"非常不公平"。将前两类归为公平的评价，而后两类归于不公平评价。每个方案各评价分类的人数见表 5 - 5。

表 5 - 5　　　　实验二被试对于各分配方案的公平性评价情况的统计指标

态度	方案 1	方案 2	方案 3	方案 4	方案 5	方案 6
非常公平	37	8	5	3	3	1
可以接受	9	38	27	11	6	0
公平类合计	46	46	32	14	9	1
不公平	1	1	12	22	17	3
非常不公平	0	0	2	10	21	43
非公平类合计	1	1	14	32	38	46

由表 5 - 5 可以看出，人们对于方案 1、方案 2 和方案 6 分配结果的公平性态度整体一致，绝大多数人都认为方案 1 和方案 2 是公平的，而方案 6 是不公平的。然而，对于方案 3、方案 4 和方案 5 也分别由 5 名、3 名和 3 名被试将其评价为"非常公平"，这说明个体对于公平性判断的差异。这也与表 5 - 4 中所显示的选择对方案 3、方案 4 和方案 5 选择惩罚 0 点的个体人数一致。

这些证据再次表明，人们的利他偏好对于第三方惩罚行为以及独立董事监督行为的激励显著，这也说明，即使在声誉激励不存在情况下，如果不存在其他因素的影响，独立董事能够有效监督内部人在利益分配方面的决策，做到公司公平回报外部中小股东的投资信任。可以说，不存在其他因素影响时，独立董事的监督作用是有效的。

对比第三章对均衡解的预测值，与第四章的实验类似，从中值所代表的平均水平来看，局中人 C（独立董事）对 2—6 号分配方案的惩罚点数与具有 F&S 偏好并且 $\beta_i = 0$，$\alpha_i > 0$ 时的均衡解几乎完全一致。

二　解任（罢免）方式的影响

这一部分主要检验罢免方式对于独立董事监督作用的影响，即内部人解任独立董事（A 解任 C）或是中小股东解任独立董事（B 解任 C）两种极端方式单独作用时的影响，并检验两者之间的差异是否显著。

首先，对第 7 轮中（内部人罢免独立董事这一条件下）C（独立董事）对 A（内部人）各个方案惩罚点数情况进行概括性分析。描述性统计量如表 5 - 6 所示。

表 5 - 6　　　　第 7 轮惩罚值的描述性统计特征及与第 1 轮的对比

统计量		方案 1	方案 2	方案 3	方案 4	方案 5	方案 6
第 7 轮 A 解任 C	中值	0	4	8	10	10	10
	均值	2	5	7	9	11	13
	最小值	0	0	0	0	0	0
	最大值	16	20	23	26	30	33
第 1 轮 基础处理 条件	中值	0	5	10	14	20	25
	均值	2	7	10	13	17	20
	最小值	0	0	0	0	0	0
	最大值	16	20	23	26	30	35

A（内部人）解任 C（独立董事）这一条件单独作用时，从平均水平来看，C 对于非 50—50 分配方案外各方案的惩罚都大于 0，这显示了利他惩罚偏好仍然起到一些作用。对各方案的惩罚点数，最小值为 0，最大值在 16—33 之间，随着方案分给 B 的点数逐渐减少，最大值逐渐递增。通过计算，各方案的最大惩罚值可以使 A 最后得到的点数分别为 2 点、0 点、1 点、2 点，0 点和 1 点。

将 A 解任 C 这一处理条件（第 7 轮）下的惩罚点数与本实验基础实验处理条件（第 1 轮）下的相应数值进行比较时（见表 5 - 6）可以发现，与第 1 轮相比，C 对 A 的惩罚水平在第 7 轮明显减少，尤其体现在对 5 号和 6 号分配方案的惩罚上，中值分别相差 10 点和 15 点，而均值分别相差 6 点和 7 点（见图 5 - 2）。此外，对 1—6 号分配方案惩罚的最小值在 2 轮之间无差异，而最大值除了 6 号方案相差 2 点之外，其余也无差异。

进一步对各方案用于惩罚的点数为某点数或在某点数以下的人数累积分布比例在第 7 轮与第 1 轮间进行对比，可以发现，尽管第 2 轮各方案最大惩罚值相似，但是，与第 1 轮相比，第 7 轮中各方案的对应惩罚点数累积

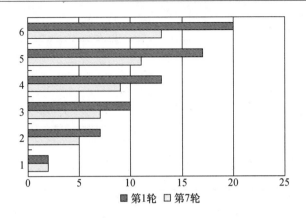

图5-2 第1轮和第7轮惩罚点数的均值比较

人数比例与前者间有较大差距，见表5-7。例如，对于方案2，惩罚点数为5点以下的人数所占比例在两轮之间相差24%，而对方案3—6，以10点、12点、15点和20点为例，两种条件下这一差距分别为17%、23%、26%和23%。

表5-7 累积分布比例

方案	方案2	方案3	方案4	方案5	方案6
点数	5点	10点	12点	15点	20点
第1轮	51%	68%	47%	40%	47%
第7轮	75%	85%	70%	66%	70%

上述描述性统计分析结果均表明，上市公司内部人解任（或罢免）独立董事这一条件促使独立董事对内部人各方案的惩罚水平与基础条件下相比明显降低。这暗示了内部人解任独立董事对独立董事监督作用可能存在的消极影响。然而，需要进一步对2轮数据利用非参数统计检验方法进行比较以期得到有力的支持。

针对每个方案将内部人解任独立董事与实验基础处理条件下的惩罚值进行两个相关样本的 Wilcoxon 符号秩检验，表5-8列出了各方案下的 Z 值和 p 值。

表 5 – 8   第 1 轮与第 7 轮比较的 Wilcoxon 符号秩检验结果

方案	Z 值	p 值
方案 1	– 0.048	0.962
方案 2	– 2.311	0.021
方案 3	– 2.602	0.009
方案 4	– 2.816	0.005
方案 5	– 3.227	0.001
方案 6	– 3.123	0.002

通过观察表 5 – 8 中的结果可以发现，除了内部人和中小股东均分 100 点的方案外，两种条件下的惩罚水平存在显著差异（$p < 0.05$）。具体来看，内部人罢免独立董事这一任免机制条件下的监督及惩罚水平显著低于基础条件下的水平。这个证据有力地支持了前面假设的预测。这表明，内部人罢免独立董事会消极影响独立董事对公司内部人的监督，然而，第 7 轮中，对非公平分配各方案惩罚的平均水平是大于 0 的，这说明了现实中，存在一定比例的独立董事，他们实施的监督的利他惩罚激励没有受这一任免机制设计的实质影响。总体上看，这也解释了即使内部人罢免独立董事这一条件严重削弱了独立董事的监督作用，然而独立董事仍在一定程度上起到了监督作用。然而，这些结果主要表明，目前中国上市公司中的独立董事虽起到了一定监督作用，但是，现实中由于公司大股东在任独立董事的罢免或继任方面拥有绝对的控制权，独立董事的监督作用没有充分发挥。

第 9 轮检验了当局中人 B（中小股东）解任 C（独立董事）这一极端任免机制设计条件下 C（独立董事）对 A（内部人）的惩罚水平。

第 9 轮中惩罚值的基本描述性统计指标如表 5 – 9 所示，惩罚点数的中值和均值比较接近。以中值为例，面对 1—6 号方案，当 C（独立董事）惩罚 1 点、7 点……20 点及 28 点时，致使 A（内部人）和 B（中小股东）分别相应得到 49 点和 50 点、39 点和 40 点、31 点和 30 点、35 点和 20 点、30 和 10 点，以及 16 点和 0 点。在 1—3 号分配方案条件下，这些结果与基于 F&S 模型并且参数 $\beta_i = \alpha_i$ 时求导出的博弈均衡解几乎完全一致，而各方案下，最大惩罚值（除了 1 号方案外），均致使 A 的点数为 0。

表 5 - 9　　　　　　　　第 9 轮中惩罚值的基本描述性统计指标

变量（方案）	个数	中值	均值	最小值	最大值
1	46	1	4	0	16
2	46	7	8	0	20
3	46	13	13	0	30
4	46	15	15	0	31
5	46	20	20	0	41
6	46	28	24	0	50

　　进一步将小股东解任独立董事（B 解任 C）这一条件（第 9 轮）下的基本描述性统计量与基础条件（第 1 轮）及内部人解任独立董事（A 解任 C）这一条件（第 7 轮）分别对比。

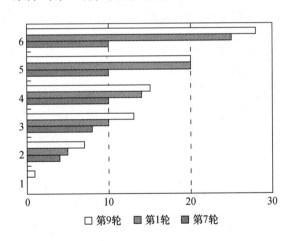

图 5 - 3　三轮的中值比较

　　从图 5 - 3 和图 5 - 4 可以发现，第 9 轮除了方案 5 的中值等于第 1 轮外，所有其他中值和均值均高于第 1 轮和第 7 轮。

　　此外，从图 5 - 5 关于三轮间各方案下惩罚点数的最大值对比可以看出，对于 3 号、4 号、5 号和 6 号方案，第 9 轮的惩罚最高值均高出第 1 轮和第 7 轮。从基本分析看，B 解任 C 对提高 C 的惩罚水平起到一些作用，但是作用是否显著需要进一步统计检验结果。

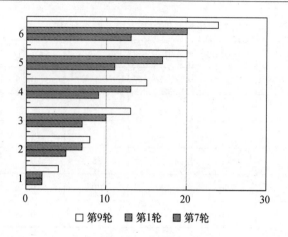

图 5 - 4　三轮均值的比较

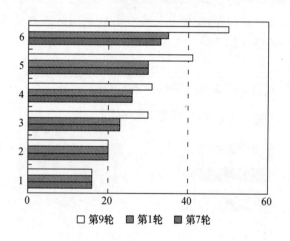

图 5 - 5　三轮间最大惩罚值的比较

　　将第 9 轮（B 解任 C）的惩罚点数与第 7 轮（A 解任 C）进行对比。Wilcoxon 符号秩检验结果（见表 5 - 10）显示，两种条件下 C 对 A 的惩罚点数在各方案情况下都存在差异，并且这种差异在统计上显著（$p <$ 0.05）。这个证据支持了假设的预测，说明解任权赋予 A 或 B 会对 C 的惩罚水平产生显著影响，进而暗示，A 解任 C 对独立董事监督作用的削弱，而 B 解任 C 这一机制设计相对于前者能显著提高独立董事的监督作用。

表5-10　　　　第9轮与第7轮比较的 Wilcoxon 符号秩检验结果

方案	Z 值	p 值
方案1	-2.477	0.013
方案2	-2.862	0.004
方案3	-3.369	0.001
方案4	-3.092	0.002
方案5	-3.897	0.000
方案6	-3.959	0.000

将第9轮的惩罚值与第1轮比较，表5-11展示了2轮比较的非参数检验结果。如表5-11所示，如果是方案1、方案3和方案6，C 使用的惩罚点数在2轮间有显著差异（$p < 0.05$）。而在方案2、方案4和方案5的情况时，2轮间 C 的惩罚点数无显著差异。这个结果表明，利他偏好对独立董事的监督激励在一些情况下是有效的，可以使 C 的惩罚水平与 B 解任 C 这一激励条件的效果相当。但是在面对最不平等的分配方案时，利他惩罚的效应显著弱于 B 解任 C 这一任免机制设计产生的激励效应，这说明解任权机制设计的重要性。

表5-11　　　　第9轮与第1轮比较的 Wilcoxon 符号秩检验结果

方案	Z 值	p 值
方案1	-2.349	0.019
方案2	-1.763	0.078
方案3	-2.357	0.018
方案4	-1.818	0.069
方案5	-1.883	0.060
方案6	-2.690	0.007

三　竞争因素的影响

第8轮的目的是用于检验竞争机制对于独立董事监督作用的影响效果。

表5-12总结了这一轮 C 的惩罚情况的基本描述性统计特征。总的来

看，被试者的平均惩罚水平不高。与第1轮相比，除了方案1之外，这一轮的惩罚强度在其他各方案情况下都明显减弱（见图5-6）。

表5-12 第8轮C的惩罚情况的基本描述性统计特征

变量（方案）	个数	均值	中值	最小值	最大值
1	46	1	0	0	15
2	46	4	2	0	20
3	46	5	4	0	20
4	46	7	5	0	25
5	46	9	5	0	30
6	46	12	10	0	40

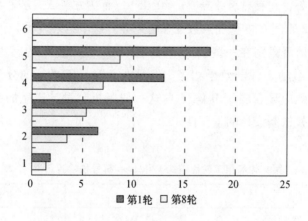

图5-6 第8轮与第1轮惩罚点数的均值比较

将这一轮C对A各方案的惩罚点数对各方案变量构建如下模型：

$$Y = a + b_1X_1 + b_2X_2 + b_4X_3 + b_4X_4 + b_5X_5 + 误差项 \quad (1)$$

自变量含义：Y：C对A惩罚点数。

X_1—X_5：值为1时分别表示相对1号方案如果惩罚的点数是针对2—6号分配方案，否则为0。

对模型（1）的变量进行回归分析，自变量系数及显著性以及其他指标见表5-13。

结果显示，模型的 F 值为13.183，p 值为0.000。$D-W$ 值等于2.005。除常数项和方案2系数不显著外，方案3至方案6变量的系数均大于 0，并且在统计上显著（$p < 0.01$）。常数项和方案 2 的系数不显著说明，对于 100 点在 A 与 B 间 50—50 和 60—40 的分配方案，C 的惩罚水平与 0 无显著差异。对于其他方案，C 对 A 惩罚的点数显著。其他条件不变情况下，分别针对方案 3、方案 4、方案 5 和方案 6 时，C 的惩罚点数相对方案 1 分别增加 4 点、5.6 点、7.3 点和 10.8 点。A 与 B 间分配点数越不均等，C 对 A 的惩罚值也越来越高。但是，将第 1 轮（基础条件）C 的惩罚点数与各方案的回归模型系数比较，这一轮除了常数项外，各系数都低于第 1 轮，即惩罚水平较低一轮有所减低。

表 5 – 13　　　　　　　　　回归分析结果

变量名	系数	T 值	Sig.
常数项	1.391	1.326	0.186
方案 2	2.109	1.421	0.156
方案 3	3.978	2.682	0.008
方案 4	5.609	3.781	0.000
方案 5	7.283	4.909	0.000
方案 6	10.761	7.254	0.000
调整的 R^2	0.183		
F 值	13.297		0.000

对第 8 轮（竞争条件下）与第 1 轮 C 的惩罚值进一步比较和分析。表 5 – 14 中的非参数统计检验（Wilcoxon 符号秩检验）结果显示，除方案 1（A 与 B 均分 100 点）情况下，其他方案时，两轮惩罚点数的差异在统计上都是高度显著的（$p < 0.01$）。具体来看，第 8 轮的惩罚水平显著低于第 1 轮。这些结果表明，在 A 提名选择 C 的任免机制设计条件下，后选人之间的竞争显著降低了 C 对 A 的监督和惩罚水平，因此，本书预测得到了证实。内部人提名及选择独立董事这种任免机制条件下，竞争机制对于独立董事监督及惩罚内部人产生的激励大小和强度具有消极的影响作用，这意味着上市公司中，如果现存任免机制规定大股东负责提名和选择独立董事，那么，由发达董事人才市场带来的独立董事间的竞争并不能促进独立董事对公司内部人如大股东和总经理进行积极监督；相反，竞争机制在大股东主导独立董事选任情况下会削弱独立董事的监督作用，使独

立董事积极监督的原始激励如利他惩罚和积极声誉效应等减弱，导致独立董事监督机制失效。

表5-14 第8轮与第1轮惩罚点数比较的非参数检验结果

方案	Z 值	p 值
方案 1	-0.569	0.569
方案 2	-2.904	0.004
方案 3	-3.492	0.000
方案 4	-3.706	0.000
方案 5	-3.797	0.000
方案 6	-3.033	0.002

四 交互影响

尽管内部人解任独立董事（A 解任 C）和中小股东解任独立董事（B 解任 C）两种条件都被实验数据证实分别对独立董事的监督作用具有消极和积极影响。这一轮（第 10 轮）进一步对提名方式加 A 与 C 同组这一条件与 B 解任 C 的互动影响进行深入分析。

首先，第 10 轮中局中人 C（独立董事）对 A（内部人）的惩罚点数的描述性统计指标如表 5-15 所示。

表5-15 第 10 轮 C 对 A 的惩罚点数的描述性统计指标

方案	人数	中值	均值	最小值	最大值
方案 1	47	0	3	0	16
方案 2	47	7	8	0	30
方案 3	47	10	11	0	23
方案 4	47	15	15	0	80
方案 5	47	15	17	0	40
方案 6	47	25	22	0	60

如图 5-7 所示，将这轮独立董事的惩罚点数均值与第 9 轮独立董事惩罚平均水平进行比较可以发现，两轮之间的差异很微弱。

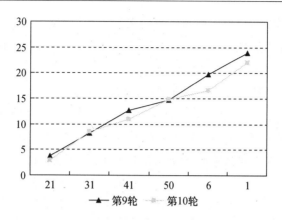

图 5 - 7　第 9 轮与第 10 轮 C 的惩罚点数均值比较

将这一轮与第 9 轮 6 个方案下的惩罚点数少于 10 点的方案个数和人数进行简单统计比较（见表 5 - 16）可以发现，由于 47 人中惩罚点数低于 10 点的方案个数为 3 个、4 个、5 个和 6 个时，与之对应的人数都占极少数，因此 2 轮中，C（独立董事）的惩罚力度都相对较高。然而，由于第 10 轮中 A 与 C 同组因素与 B 解任 C 这一条件共同作用，这导致第 10 轮个别个体的惩罚模式有所改变，如 6 个方案惩罚点数均低于 10 点的人数在第 10 轮有 7 人，较第 9 轮增加了 5 人。并且，这 7 人中，有 3 人对 6 个方案均惩罚 0 点。但是，当 B 解任 C 这一条件存在时，组别对多数人惩罚水平的影响不明显。

表 5 - 16　　第 9 轮与第 10 轮惩罚点数低于 10 的方案个数及人数比较

轮次	方案 6	方案 5	方案 4	方案 3
第 10 轮	7	1	2	7
第 9 轮	2	2	4	6

将第 9 轮和第 10 轮的惩罚值进行非参数统计检验，表 5 - 17 中符号检验结果显示，在各方案情况下，C 的惩罚点数在两轮间的差异统计上都是不显著的（$p > 0.05$）。简单分析和非参数检验结果表明，B 解任 C 这一条件对 C 的惩罚水平的影响是非常强的，尽管对样本中个别个体来说，组别显著地减弱了 B 解任 C 这一条件对惩罚的激励进而使惩罚水平较 B

解任 C 单独影响时降低，但是，总的来看，2 轮间惩罚水平无显著差异的结果说明，在 B 解任 C 这一条件存在时，组别效应对总体惩罚水平的影响是微弱的。这暗示在实践中，上市公司大股东或总经理如与独立董事有着不违背法律但是能够影响独立董事监督决策的私人关系时，只赋予小股东提名权对于使独立董事的监督达到一定合理水平的作用虽然存在，却仍然有限。而在赋予小股东一定提名权基础上，还赋予他们一定解任独立董事的权力，将很可能会实质性减弱组别对独立董事监督作用的消极影响。

表 5 – 17 　　　　　　　　第 9 轮与第 10 轮惩罚值的非参数统计检验结果

方案	Z 值	P 值
方案 1	− 0.770	0.441
方案 2	− 0.171	0.864
方案 3	− 1.352	0.176
方案 4	− 0.329	0.742
方案 5	− 1.601	0.109
方案 6	− 1.237	0.216

由于条件呈现顺序问题，这里再从另一个方向对实验结果进行检验。实验一（第四章的实验）第 6 轮主要检验 B 提名 C，A 与 C 同组 2 条件同时作用时 C 的惩罚水平，而本实验第 10 轮则是检验 B 提名 C、A 与 C 同组，B 解任 C 这 3 种条件同时存在时，C 对 A 惩罚点数的情况。因此，将实验一第 6 轮[1]与实验二第 10 轮结果进行对比能够识别 B 解任 C 这一条件是否在实验一中条件 6（B 提名 C 并且 AC 同组）的基础上对 C 的惩罚水平有显著影响。利用两个独立样本的非参数检验方法（Mann Whitney Test）对两轮 C 的惩罚点数进行比较，表 5 – 18 报告了检验结果。

如表 5 – 18 所示，结果显示，除了方案 4 和方案 6 之外的其他情况下，被试者 C 对 A 的惩罚点数在 2 轮间的差异在统计上都是显著的（$p < 0.1$）。具体来看，实验二第 10 轮的惩罚水平高于实验一中的第 6 轮。因此，B 解任 C 这一任免机制设计条件对于提高 C 的惩罚水平有显著影响。

———————————

[1] 实验一中，由于第 3 号和第 16 号被试者的选择在 6 个实验处理条件下的惩罚水平几乎完全相同，并且惩罚水平较高，因此，在与实验二第 10 轮进行对比时，这两个特殊的数据点被删除。

通过两个方向的实验条件间的比较，存在显著差异的结果表明，解任方式对独立董事的监督作用产生的影响是非常显著的。上市公司，大股东或总经理拥有的对独立董事解任的绝对控制权对独立董事的监督作用产生极大消极影响。因此，这一解任方式设计对保护中小股东权益所产生的危害非常大；另外，如果赋予小股东对独立董事一定的罢免权，将很可能对提升独立董事监督职能具有积极作用。

表 5 – 18　　　实验一第 6 轮与实验二第 10 轮对比的非参数检验结果

方案	Mann – Whitney U	Wilcoxon W	Z 值	Asymp. Sig. （双尾）
方案 1	830. 500	2006. 500	– 2. 302	0. 021
方案 2	732. 500	1908. 500	– 2. 844	0. 004
方案 3	726. 000	1902. 000	– 2. 878	0. 004
方案 4	941. 500	2117. 500	– 1. 246	0. 213
方案 5	874. 500	2050. 500	– 1. 753	0. 080
方案 6	916. 500	2092. 500	– 1. 426	0. 154

小　　结

这一章对独立董事的解任方式和竞争机制对独立董事监督作用产生影响的理论假设进行了实验检验，并分析了这两个因素与实验一提到的其他因素所产生的影响。此外，本章还重复检验了利他惩罚作为独立董事监督的理论基础假设，结果与第四章的研究发现一致，说明本书研究设计的有效性和可靠性。

这一章通过利用非参数统计分析方法比较了本实验的 5 个实验处理水平下的数据结果，并将最后一个实验处理条件的结果与实验一的一个实验处理水平结果进行对比，结果发现，第一，解任（罢免）方式单独作用时对第三方惩罚行为以及独立董事监督作用的影响显著。具体来看，上市公司内部人解任独立董事能够显著降低独立董事对内部人的监督及惩罚水平，而公司中小股东解任独立董事条件下独立董事的监督及惩罚水平则显著高于内部人解任独立董事的惩罚水平。第二，在内部人有选择独立董事权力的条件下，竞争机制的影响显著。然而，这种影响对上市公司中小股东是灾难性的，因为竞争机制在内部人独享选择独立董事这一任免机制条件下使独立董事对作为被监督者的内部人的监督和惩罚显著弱于实验二的基础实验处理条件下的惩罚力度。第三，中小股东解任独立董事能够显著减弱组别关系对独立董事对内部人监督所产生的消极影响。这不仅体现在第 10 轮与第 9 轮 C（独立董事）的惩罚点数无显著差异上。还体现在，中小股东解任独立董事在中小股东提名独立董事和内部人与独立董事同组关系同时存在基础上作用时，这一解任方式仍能够显著提高一些不公平分配提案情况下独立董事对内部人的监督与惩罚水平。此外，基础实验条件下独立董事的平均监督水平与第二章的均衡解预测值相似。

上述结果表明，在解决提高独立董事监督作用问题时，解任方式（解任权的授予）的设计非常关键，因为，这一因素能够显著提高亦能显著减弱独立董事的监督作用。控制大股东或总经理所拥有的解任权，同时增加小股东对罢免独立董事提案的权力，将会对提高独立董事监督作用起到积极作用。

本章研究结果还表明，竞争机制对于独立董事的监督及惩罚水平的影响也是显著的。然而，在目前任免机制条件下，大股东或总经理控制独立董事选择过程对独立董事实现对公司内部人的合理监督具有很强的消极影响，在这种情况下，竞争机制实际上并没有对提高独立董事监督作用产生积极影响；相反，却消极地影响了独立董事积极监督的激励。因此，如果不先行改革大股东或总经理对独立董事人选确定所起的实质主导性影响的相关任免机制，加快高级管理者人才市场发展、公开招聘独立董事、实行竞聘制等方法，将无法提高独立董事的监督作用，还会起相反作用。

第六章 性别对中国独立董事监督机制设计的影响

随着时代的发展，女性在职场中的人数及地位不断攀升。公司高管层中，尽管女性高级管理者还是少数，但女性的作用已经不容忽视。充分利用人力资源的途径之一是消除性别歧视。目前，女性的职业生涯还存在"天花板效应"。排除个人进取心和家庭因素，识别男性与女性在决策和行为方面是否存在性别差异对消除或减轻职场中的性别歧视大有助益。因此，对两性决策的性别差异进行研究具有重要的现实意义。本章通过比较男性与女性两个样本在独立董事监督博弈实验中的决策与选择，检验理论分析部分关于性别差异存在与否的相关假设。

第一节 公司治理问题的性别差异研究背景

一 女性经济时代的现实意义

随着女性的消费能力及女性在价值创造中贡献的不断增长，有学者称女性经济已经到来。全球范围内，女性的年消费支出大约为 20 万亿元币种，并且预计在 5 年内达到 28 万亿元。她们的 13 万亿元的年收入同期内会增长到 18 万亿元币种。研究调查显示，女性在市场及职场中的贡献仍被低估。目前，她们消费需求仍没有得到满足。针对女性消费群体的商品和服务的营销方式大部分是过时的或仍留有对女性传统的刻板印象。[1]

同时，女性在职场中影响日益增大。在美国，职业女性人数已超过男性。然而，女性职业生涯中遭遇的"天花板"现象仍普遍存在。全部由

---

① Silverstein J. Michael and Sayre Kate，"The Female Economy". *Harvard Business Review*，No. 9，2009，p. 46.

男性组成或由男性主导的高管层及董事会比比皆是。

女性是未来潜在的获利来源，公司如果在女性经济中取胜，需要了解并满足女性消费者的需求。在这方面做得好的一个案例是总部在瑞典的 H&M 服饰公司，这个以"快时尚"而著称的国际品牌，以低廉的价格、紧跟世界时尚前沿的设计以及货品更新之快（一件时装从设计到出现在店面只要 20 天）而取得了巨大成功，在金融危机中更凸显了魅力。该公司成功的背后也很可能与公司拥有 80% 女性员工、77% 的女性卖场经理、44% 跨国公司经理是女性、董事会成员 11 人中 7 人为女性有关。

众所周知，男性与女性由于生理差异的原因，在思维和行为方面存在很大差异。有时由于两性的差异之大，人们将他们比喻为来自不同的星球，男性来自火星，而女性来自金星。两性在生理方面差异是导致总体男性和女性职业生涯存在差异的部分原因，但两性在言行、其他社会交往方面以及完成特定任务的能力和投入存在差异，具体差异有多大，如果存在差异，这种差异是否应该成为阻碍女性群体职业生涯发展的"瓶颈"，是值得劳动经济学以及人力资源管理领域的学者们研究的一个重要题目。

二 女性董事与公司治理

（一）女性进入高管层的进程及现状

Catalyst 财富 500 强公司女性董事调查显示，女性董事在董事会成员所占比例在 2003 年为 13.6%，2005 年为 14.7%，2006 年和 2007 年分别为 14.6% 和 14.8%，在 2008 年升至 15.2%，经过 5 年的发展，到 2013 年，这一比例虽然有微弱的提升达到 16.9%（见图 6 - 1），但这一指标经过多年发展并没有显著变化。同时，该调查也对女性进入董事会下设各委员会情况进行了统计，如图 6 - 2 所示，女性在审计、提名及治理委员会任主席职位的比例与她们在董事会中所占比例相当，而她们在薪酬委员会中任领导的比例则落后于她们所占席位的比例。

中国 2002 年独立董事制度正式确定，中国上市公司中独立董事人数逐年上升，从 2002 年平均 2.28 人上升为 3.53 人。如表 6 - 1 所示，同时，女性在高级管理者团队中的比例也有逐年上升趋势，但是，女性所占比例仍然停留在一个较低的水平。

图6-1　2013年女性在财富500强公司董事会所占比例

资料来源：2013年Catalyst财富500强公司女性董事调查。

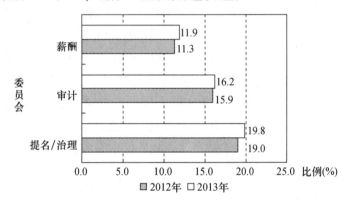

图6-2　2012年与2013年度女性在财富500强公司董事会
下设委员会任领导职务情况

资料来源：2013年Catalyst财富500强公司女性董事调查。

表6-1　历年上市公司（以深市主板A股为样本）女性高管比例的平均水平

年份	董事、监事和高级管理人员性别比例（女性）
2004	0.15
2005	0.15
2006	0.14
2007	0.15
2008	0.15
2009	0.16
2010	0.17
2011	0.17
2012	0.18

资料来源：根据CCER数据库数据整理计算。

（二）女性对董事会治理的作用

Kramer、Konrad 和 Erkutd（以下简称 KKE，2006）通过访谈、调查等方式总结出女性在董事会中的作用：

第一，提供不同的观点。KKE（2006）调查的被调查者提到，观点多样化对于董事会讨论具有重要的作用。观点多样化产生的来源包括性别、种族、国籍、个人兴趣爱好及社会地位等因素。可以说，由于生物进化及生理构造上的差异，女性董事能够提供与男性不同的新视角及不同观点。同时，性别能够体现其他多数的多样化来源因素，如个人兴趣爱好及社会地位等。

在 KKE 调查中，被访问的男性 CEO 还谈：一些公司非常重视董事会组成的多元化。例如，一位被访者的公司，有 2 位董事会成员来自其他国家，还有 2 位女性董事。支持董事会组成多样化主要原因够促进观点的多样化的产生。多数高管意识到，由于他们的客户是具有不同个体特征所组成的群体，他们来自不同的环境，以不同的方式进行思考和生活。[1] 因此，在董事会会议上，需要不同观点促进讨论及决策。董事会应该代表公司所依存的世界，这是董事会成员多元化的根本原因。

第二，扩充董事会讨论的内容。CEO、公司秘书及女性董事都一致报告女性董事对于扩充董事会讨论内容的作用。女性会基于她们作为企业主、经理或是消费者独特的经验提出供董事会思考的一系列新问题。KKE（2006）调查中，37 位女性董事中 24 位以及 12 位 CEO 中的 7 位都分别提到女性提出了不同的问题。[2]

第三，提出与多个利益相关的问题。女性董事更可能会促使董事会讨论与企业利益相关者利益相关的问题。她们更容易提出企业员工及顾客所关注的问题，或是提出一些会影响公司声誉或者公司所处社区的问题，如健康和环境安全问题。

第四，使用她们特有的人际关系技巧影响董事会过程。女性董事的人际沟通技巧对董事会过程是有积极作用的。女性比男性更容易开放性听取其他发言者的意见，会注意其他人被尊重和关注的需要，她们也更热衷于

---

[1]　Kramer W. Vicki, Konrad M. Alison and Erkut Sumru, *Critical Mass on Corporate Boards*: *Why Three or More Women Enhance Governance*. Wellesley Centers for Women, Report No. WCW, 2006, p. 8.

[2]　Ibid, p. 9.

寻找使多方都满意的复杂问题的解决方案。

第五，树立良好形象。女性董事的加入可以对公司现有女性员工和潜在员工产生良好的激励，即她们有可能通过努力工作实现个人职业生涯的成功。如果董事会中没有女性董事，很难证明公司的开放性。因此，女性董事的存在能够提供这样一种信息：公司接纳多样化来源的员工和管理者。

此外，女性也能提高董事会讨论的清晰度。她们的存在使男性董事更清楚地阐述自己的观点，从这种意义上看，交流顺畅更可能促使董事会达成更好的决策。

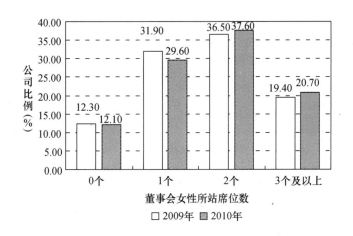

图6-3　财富500强公司董事会女性所占席位数统计

资料来源：2010年Catalyst财富500强公司女性董事调查。

（三）女性董事人数对董事会过程的影响

目前，上市公司董事会席位中女性仍然占少数。如图6-3所示，财富500强公司中大部分董事会一般只有1—2名女性董事，只有20%左右的公司拥有3名及以上的女性董事。人们认为，1名或2名女性董事通常对董事会的作用很微弱，有学者称为象征性效应。董事会中如果女性董事人数过少可能使她们无法参与讨论，或是在论讨中其发言不受重视，这种情况使女性逐渐不愿表达意见和观点。

Kramer、Konrad和Erkutd（2006）对女性董事人数的作用进行了深入研究。他们通过对一些女性董事及有女性董事同事的男性董事进行访谈发现，女性在董事会中的人数强烈影响她们在董事会上的表现，这包括她们自己意见的表达以及与其他董事的互动。进而影响董事会过程、董事会决策以及董事会的监督作用等等。

董事会中女性董事的人数对她们履行董事职能及对董事会过程的影响有着非常重要的作用。当董事会中只有一位女性董事时，总的来看，可能会有积极影响，但是更可能是她们的存在只起到象征性作用。男性董事们对这位女性的态度更可能产生刻板效应，他们会更倾向于视这位女性与其她普通女性一样，对她们有成见，不能视她们为单独的个体。这些不利条件致使唯一的女性董事在董事会需要非常努力，只有这样她的意见才有可能被听取和采纳，并产生影响。

当董事会中有两位女性时，性别比例仍然是非常不平衡，但是各方面会好于一个女性董事的情况。首先，不重视女性的象征性效应虽然存在，但是会有所改善。其次，女性董事的作用会更有效，并且有了战略伙伴，这时，她们的归属感和舒适感也有所提升。最后，随着男性董事对这两位女性董事看法上存在的刻板效应减弱，他们对董事会职能和过程会产生更大影响。但是，无论如何，刻板印象始终存在而且影响她们作用的充分发挥。

当董事会中有三位或三位以上的女性董事时，由于认识有了质的飞跃，董事会的性别比例失衡状态得到了很好调整。女性会更自在地表现自己，并且，她们互相之间的联系也更加自如。她们会得到来自更多的同性和异性的支持。对女性董事所产生的刻板印象随着团体里女性人数的变化而不再发挥作用，她们不会被视为代表所有女性，因此，这使她们在董事会议案讨论中会更自由提出问题，变得更积极。这时，女性的意见也会更容易被男性和团队所听取，她们对董事会议事内容和动态过程会有显而易见的影响。最后，由于女性董事人数的实质性增加，她们更能融入团队，致使董事会成员的合作水平整体提高。

上述情况表明，只有当女性董事的人数超过 3 人时，性别才不再是她们与其他男性董事进行交流的障碍。这时，女性可以更自在地表现自己，并且会得到更多支持。同时，对女性董事的"刻板效应"也会降到最低程度，在这种情况下，女性会更自由地提出问题，女性的意见也会更容易被接受。简言之，女性在董事会中人数的实质性变化对董事会议事内容和动态过程的影响非常显著，主要体现在董事会团队合作水平的提高上。①

第二节　提名方式与独立性对机制设计影响的性别差异检验

这里对第四章实验结果进行进一步的探索，通过对比男性和女性在不同任免机制条件下的惩罚决策，以期发现不同任免方式对独立董事监督行为的影响是否存在性别差异。

表6－2　　　　　　　　男性与女性的惩罚决策比较（平均值）

惩罚点数的平均值			分配方案代号					
处理条件	轮次	性别	1	2	3	4	5	6
条件1	1	男	1.65	5.58	10.04	14.15	18.62	19.62
		女	3.04	6.41	9.04	11.63	18.74	22.04
条件2：A提名C	2	男	4.48	4.43	8.04	10.43	14.52	16.74
		女	3.22	5.67	9.37	11.07	13.74	16.78
条件3：B提名C	3	男	3.78	7.48	11.78	15.96	21.52	22.78
		女	2.48	7.15	10.48	15.30	19.04	23.07
条件4：A与C同组	4	男	0.83	2.26	5.09	7.09	9.43	11.35
		女	1.93	3.44	3.70	5.41	7.33	8.81
条件5：A提名C，A与C同组	5	男	1.78	2.61	4.91	7.70	9.57	12.17
		女	1.11	2.93	4.59	5.81	7.41	6.96
条件6：B提名C A与C同组	6	男	2.70	5.70	10.13	13.96	19.09	22.83
		女	2.26	4.93	7.41	11.89	13.78	18.67

将1—6轮的实验数据根据性别归类整理，通过分别计算担任C（独立董事）的男性和女性对于A的各种分配的惩罚点数的均值和中值，得到两个展示描述性统计数据的表格。

---

① Kramer W. Vicki, Konrad M. Alison and Erkut Sumru, *Critical Mass on Corporate Boards*: *Why Three or More Women Enhance Governance*, Wellesley Centers for Women, Report No. WCW, 2006, p. 39. 该篇报告部分发表于 Director Monthly, 2007 Feb. 。

通过对表6－2和表6－3数据结果的观察，初步发现如下现象：

第一，总体上看，在多数情形下，男性和女性的第三方惩罚行为的平均水平并无实质差异。

第二，尽管A提名C（内部人提名独立董事）这一条件下惩罚点数的中值结果暗示，互惠因素对利他惩罚产生消极影响，然而，这个因素对男性产生的影响大于女性，表现在对于3号、5号和6号方案的惩罚值男性样本的中值均远低于女性。

表6－3　　　　　　　　　男性与女性的惩罚决策比较（中值）

惩罚点数的平均值			分配方案代号					
处理条件	轮次	性别	1	2	3	4	5	6
条件1	1	男	0	5	10	15	20	23
		女	0	5	10	14	20	25
条件2：A提名C	2	男	0	3	6	10	10	12
		女	1	5	10	10	15	20
条件3：B提名C	3	男	0	5	10	15	20	30
		女	0	7	10	17	20	30
条件4：A与C同组	4	男	0	0	4	5	8	10
		女	0	2	2	4	8	10
条件5：A提名C，A与C同组	5	男	0	0	4	5	5	5
		女	0	0	1	3	1	5
条件6：B提名C，A与C同组	6	男	0	5	10	15	20	27
		女	0	5	10	10	15	20

第三，公司内部人与独立董事（即实验中的A与C）同组条件下，除了2号方案，女性惩罚值的均值均低于男性。在Baseline条件下，两性惩罚平均水平并无差异。这表明，与被惩罚者同组的组别因素对女性进行无偏的监督及惩罚行为的消极影响大于男性。

第四，结合6种实验处理条件中后三种条件下的被试者行为，可以发现，相对A与C同组这一条件，A提名并且A与C同组这一条件下，平均来看，只有在6号方案（A得到全部，B得0时）下，男性和女性的选择存在明显差异。当B提名并且A与C同组时，女性的选择显著低于男性。这暗示着，当组别因素对监督行为产生消极影响时，对监督具有积极影响的互惠因素对男性的影响大于女性，而对监督同样具有消极影响的互惠因素对女性的影响更大。由于监督行为是有成本的，因此，造成这种现象的原因可能是，出于利他激励的监督行为需要成本的原因，女性会因为其他理由而显著减少这种行为，而对男性来说，即使组别对监督影响也显著，但是，互惠因素不会因为组别的存在以及需要付出代价而消失，这与现实生活中普遍现象一致。

表 6 - 4　　　　　　　　　　M—W 检验结果

		方案1	方案2	方案3	方案4	方案5	方案6	
基础条件	Z		- 1.355	- 0.849	- 0.482	- 1.129	- 0.292	- 0.153
	p 值（双尾）		0.175	0.396	0.63	0.259	0.771	0.878
条件2	Z		- 1.245	- 0.958	- 1.24	- 0.57	- 0.039	- 0.167
	p 值（双尾）		0.213	0.338	0.215	0.569	0.969	0.868
条件3	Z		- 0.427	- 0.325	- 0.569	- 0.187	- 1.012	- 0.275
	p 值（双尾）		0.669	0.745	0.57	0.851	0.312	0.783
条件4	Z		- 1.526	- 1.351	- 0.972	- 0.605	- 0.406	- 0.601
	p 值（双尾）		0.127	0.177	0.331	0.545	0.685	0.548
条件5	Z		- 0.054	- 0.376	- 0.254	- 0.46	- 0.536	- 0.922
	p 值（双尾）		0.957	0.707	0.8	0.646	0.592	0.356
条件6	Z		- 0.216	- 0.17	- 1.343	- 0.903	- 1.731	- 1.371
	p 值（双尾）		0.829	0.865	0.179	0.366	0.083	0.17

以上只是对描述性统计量进行分析发现的一些特征，下面对这些试探性结论进一步检验验证。在比较男性与女性面对不同实验处理条件下对 A（内部人）的非平均分配方案的惩罚值时，通过观察两个独立样本的 M—W 检验结果，可以发现男性与女性样本的惩罚值的集中趋势是否存在显著差异。此外，通过 Moses 极端反应检验结果，我们可发现两个样本的分布曲线的两端是否存在显著差异。

如表 6 - 4 所示，从男性与女性的惩罚行为集中趋势看，非参数统计检验（M—W 检验）结果显示，除了条件 6 下的方案 5，$p = 0.083$，表明在显著性水平为 0.1 的情况下这种性别差异是显著的，对于绝大部分实验条件下的绝大部分分配方案，男性与女性两个样本的惩罚值不存在显著差异。这表明，在利他惩罚激励条件下，或是在提名方式及组别机制挤入或挤出利他惩罚激励条件下，男性与女性独立董事的监督和惩罚行为的平均水平不存在差异。

表6-5　　男性与女性的惩罚值比较的 Moses 检验结果（没剔除异常值）

	方案1	方案2	方案3	方案4	方案5	方案6
基础条件	0	0.056	0.514	0.514	0.029	0.187
条件2	0	0.135	0.793	0.561	0.561	0.368
条件3	0	0.135	0.229	0.561	0.561	0.368
条件4	0	0.003	0.022	0.042	0.042	0.011
条件5	0	0.001	0.006	0.022	0.003	0.003
条件6	0	0.022	0.229	0.561	0.042	0.368

然而，摩西极端反应检验（Moses Test of Extreme Reaction）结果显示，男性与女性被试对 A 与 B 均分初始禀赋的方案 1 选择的分布情况存在显著差异（$p < 0.01$，没剔除与剔除条件下）。这暗示着，女性与男性对于分配的公平性判断的分布有所不同。此外，在条件 5 即提名方式为 A 提名 C 并且 A 与 C 同组这一条件下，由于条件 5 和人的自利性（由于惩罚是有成本的）产生的激励驱使人们的惩罚点数向着 0 点的方向趋近，而利他惩罚偏好产生的激励则促使人们的选择向着相反的方向进行。这种情况下，两个样本的分布即使在集中趋势上没有显著差异，然而，在分布曲线的两端可能存在不同。从表 6-6 可以发现，摩西检验的结果支持、在条件 5 下、男性与女性惩罚点数分布存在着显著差异（$p < 0.1$）。由于条件 1 下，自利和利他惩罚偏好对惩罚行为具有不同方向的激励因素的综合作用的影响使样本分布并无差异，因此，条件 5 下的结果表明，内部人提名独立董事这一提名方式（实验中为 A 提名 C）及组别关系（AC 同组）因素的额外作用对两性的影响有所差异。与女性相比，这两个因素在利他激励基础上对男性产生的影响更小。尽管有研究发现女性更利他，然而，女性利他行为可能是权变的，而男性利他者的利他行为很可能不受其他因素影响，这与理论分析部分 Andleoni 和 Vesterlund（2001）的发现一致。这个发现对上市公司董事的人选来源及选择是很有意义。

表 6 – 6　男性与女性的惩罚值比较的 Moses 检验结果（剔除 1 个异常值后）

	方案 1	方案 2	方案 3	方案 4	方案 5	方案 6
基础条件	0	0.522	0.836	0.684	0.374	0.374
条件 2	0.004	0.053	0.871	0.962	1	0.962
条件 3	0.001	0.741	0.321	0.321	0.03	0.741
条件 4	0	0.008	0.143	0.219	0.321	0.219
条件 5	0	0	0.016	0.053	0.089	0.089
条件 6	0.001	0.321	0.448	0.871	0.448	0.962

第三节　解任方式及竞争对机制设计影响的性别差异检验

本节探索解任方式和竞争机制对男性与女性独立董事监督作用的影响。

首先，对男性与女性样本惩罚值的均值和中值进行观察。从表 6 – 7 的结果可以发现，大部分条件和分配方案下，两性的惩罚点数很接近。在存在竞争条件下分配方案，男性惩罚点数的平均值都低于女性。竞争增加了当选职位候选人的正效用，这也增加了当选者对互惠因素的感激，男性更多地意识到了这一点，因此，平均惩罚水平略低。

表 6 – 7　　实验二男性与女性样本的描述性统计量对比

			方案 1	方案 2	方案 3	方案 4	方案 5	方案 6
基础条件	男性	均值	2.13	6.87	10.03	12.45	17.66	20.39
		中值	0.00	6.00	10.00	11.00	20.00	22.50
	女性	均值	0.44	5.11	9.22	15.00	16.78	18.44
		中值	0.00	5.00	10.00	15.00	20.00	25.00
A 罢免 C	男性	均值	1.66	4.39	7.29	8.68	11.24	12.89
		中值	0.00	3.00	9.00	10.00	10.00	10.00
	女性	均值	1.11	5.78	5.78	9.67	11.78	13.33
		中值	0.00	5.00	5.00	10.00	10.00	15.00

续表

			方案 1	方案 2	方案 3	方案 4	方案 5	方案 6
竞争	男性	均值	1.59	3.32	5.00	6.46	8.19	11.38
		中值	0.00	1.00	3.00	5.00	5.00	9.00
	女性	均值	0.56	4.22	6.89	9.22	10.67	15.33
		中值	0.00	2.00	5.00	6.00	8.00	18.00
B 罢免 C	男性	均值	3.35	7.89	12.62	15.38	19.73	24.81
		中值	1.00	7.00	12.00	15.00	20.00	30.00
	女性	均值	5.56	9.22	13.22	12.33	19.89	20.22
		中值	1.00	10.00	15.00	15.00	25.00	25.00
B 提名 C A 与 C 同组 B 罢免 C	男性	均值	3.47	8.84	11.03	14.84	16.18	22.24
		中值	0.00	7.50	10.00	14.50	15.00	27.00
	女性	均值	0.44	7.00	10.78	14.67	18.22	21.33
		中值	0.00	5.00	10.00	15.00	20.00	25.00

对实验二的 5 种条件下，对男性与女性两组的惩罚点数进行非参数统计检验。M—W 检验结果显示，两个样本从分布中心趋势来看，不存在显著差异（$p > 0.05$）。即平均来看，罢免方式及竞争机制对男性和女性独立董事的监督影响不存在显著差异。

表 6 - 8　　　　　实验二男性与女性样本比较的 Moses 检验结果

处理条件	有无剔除极端值	方案 1	方案 2	方案 3	方案 4	方案 5	方案 6
基础条件	无	0.000	0.000	0.000	0.000	0.003	0.000
	剔除	0.000	0.004	0.001	0.075	0.018	0.000
A 罢免 C	无	0.000	0.000	0.000	0.001	0.001	0.003
	剔除	0.000	0.000	0.001	0.004	0.079	0.004
竞争	无	0.000	0.003	1.000	0.357	0.357	0.357
	剔除	0.000	0.248	0.595	0.248	0.001	0.595
B 罢免 C	无	0.000	0.090	0.019	0.090	0.090	0.090
	剔除	0.000	0.018	0.586	0.240	0.075	0.001
B 提名 C, AC 同组, B 罢免 C	无	0.000	0.019	0.093	0.001	0.000	0.000
	剔除	0.000	0.000	0.000	0.079	0.000	0.000

此外，对男性与女性两组数据还分别进行了摩西极端反应检验。从表 6-8 可以发现，基础条件下针对 6 个方案各自的惩罚值，两个样本的分布都存在显著差异（剔除极端值后，在方案 4 时，$p < 0.1$；其他方案，$p < 0.05$）。并且，女性样本比男性样本分布集中。在 A 罢免 C 条件下，对于每个方案，两个样本的分布也都存在显著的差异（剔除极端值后，除方案 5 为 $p < 0.1$，其他均为 $p < 0.01$）。在 B 罢免 C 条件下，除了方案 3 和方案 4 两个样本间不显著的差异，其他情况差异均是显著的（$p < 0.1$）。对于 B 提名 C，AC 同组并且 B 罢免 C 这种条件下的惩罚点数选择，男性与女性两个样本间的差异是高度显著的（除了方案 4 时，$p < 0.1$，其余都为 $p < 0.001$）。并且，男性组样本的分布更分散。

小　　结

本章深入分析任免机制对男性与女性独立董事监督作用的影响。实验一和实验二的结果都显示，对于自利偏好、利他惩罚及提名与解任方式和组别所产生的其他偏好激励，以及竞争因素对于男性和女性监督作用所产生的影响，在不同程度上存在一些差异。这表现在两个总体的分布形态上，女性总体的分布更分散，尽管从集中趋势来看，两个群体的平均监督水平无显著差异。这表明女性担任独立董事、实施积极监督及消极监督的比例可能都低于男性。这个发现与 Andleoni 和 Vesterlund（2001）的结论是一致的，即男性更可能是完全自私或是完全利他，而女性则是偏好均等的分享的平均主义者。这对改善董事会性别单一化以及增加女性独立董事都有借鉴意义。

第七章 后续实验与效度检验

本章通过多个后续实验从不同角度对本书基本实验设计以及之前实验的结果进行效度检验。

第一节 监督激励与独立性影响的外部有效性检验

在采用新的样本进行的后续实验中，第一个实验共有 61 名实验被试，他们均是来自辽宁省高校的本科生，专业为财经类专业，此前没有参加过经济学实验的经历。采用被试者间的实验设计，实验被试者被随机分配到两个不同的实验条件下，控制组有 35 名被试，而非独立（组别变量为同组时）条件下，被试者有 26 名。此次后续实验的问卷与之前问卷完全相同。

表 7 – 1   基础条件下 C 的惩罚点数描述性特征的外部有效性初步检验

变量（方案）	后续实验			之前实验		
	人数	中值	均值	人数	中值	均值
1	35	0	1	53	0	2
2	35	5	4	53	5	6
3	35	6	8	53	10	10
4	35	10	10	53	15	13
5	35	10	13	53	20	19
6	35	15	16	53	25	21

表7-2　　　　后续实验中非独立条件下 C 的惩罚点数描述性特征

变量（方案）	人数	中值	均值
1	26	1	0
2	26	2	0
3	26	4	0
4	26	5	0
5	26	6	2
6	26	8	1

从表7-1中可以发现，在后续实验基础条件下，平均来看，对于 A（内部人）的非均等分配的方案，C（独立董事）的惩罚是大于0的，且随着方案中分配结果不均等程度的提高，惩罚水平逐渐提高，例如，在方案2时，惩罚的中值为5，而在方案6时，这一数值为15。此外，表7-1还显示，与之前实验相比，后续实验基础条件下 C 的惩罚值的均值和中值大体一致。而表7-2则表明，在非独立条件下，后续实验中被试者惩罚点数的水平较低，例如，方案1至方案4下惩罚点数的均值为0，而方案5和方案6条件下分别为2和1，与0相比差异较小。

总体上看，后续实验得到与前面实验类似的结果与模式。通过非参数统计检验对后续实验结果是否与假设一致进行进一步验证。如表7-3所示，非参数 M—W 检验的结果表明，在1%的显著性水平下，后续实验中，针对不均等的分配方案（方案2至方案6），被试者 C 对 A 的惩罚点数在基础条件与非独立条件下存在统计上显著的差异。

表7-3　　　　基础条件与非实质独立条件下惩罚点数差异的
非参数检验（M—W 检验）

控制组 vs 实验组	方案1	方案2	方案3	方案4	方案5	方案6
M—W U	451	244	260	256	258	273
Wilcoxon W	802	595	611	607	609	624
Z	-0.091	-3.209	-2.904	-2.941	-2.903	-2.712
Asymp. Sig.（双尾）	0.928	0.001	0.004	0.003	0.004	0.007

类似的，表7-4也显示，K—S 检验的结果也支持基础条件与非独立

条件下被试惩罚决策的差异显著（如在方案2下，$Z=1.604$，$p<0.05$）。

表7-4 基础条件与非实质独立条件下惩罚点数差异的
非参数检验（K—S 检验）

控制组 vs 实验组	方案1	方案2	方案3	方案4	方案5	方案6
K—S Z	0.297	1.604	1.528	1.859	1.749	1.570
Asymp Sig.（双尾）	1.000	0.012	0.019	0.002	0.004	0.014

　　对后续实验与同一实验处理条件下之前实验结果进行非参数检验。如表7-5和表7-6所示，在5%的显著性水平下，除了方案5之外，两次实验中作为角色C（独立董事）的被试者对于被试者A的分配方案的惩罚结果并没有显著差异。这表明本研究之前的实验方案设计及实验结果的可靠性及外部有效性。

表7-5 前后两次实验对比：基础条件下惩罚点数的非参数
检验（M—W 检验）

后续实验 vs 之前实验	方案1	方案2	方案3	方案4	方案5	方案6
M—W U	757	802.5	758	729.5	610	708.5
Wilcoxon W	1387	1432.5	1388	1359.5	1240	1338.5
Z	-1.883	-1.084	-1.466	-1.706	-2.735	-1.892
Asymp Sig.（2 - tailed）	0.060	0.278	0.143	0.088	0.006	0.059

表7-6 前后两次实验对比：基础条件下惩罚点数的非参数检验
（K—S 检验）结果

后续实验 vs 之前实验	方案1	方案2	方案3	方案4	方案5	方案6
K—S Z	0.950	0.775	1.064	1.025	1.844	1.233
Asymp Sig.（2 - tailed）	0.327	0.586	0.207	0.244	0.002	0.096

第二节　提名方式与形式独立影响的
外部有效性检验

检验外部有效性的第二个实验，有两个观测因素，分别是由谁（A 或 B）来提名 C、是否与 A 同组。因此，双因素组合形成四个实验处理条件，见表 7－7。实验被试者共有 108 人，采用被试者间（between－subject）设计，1—4 组各组人数分别为 23 人、30 人、31 人和 24 人。

表 7－7　　　　　不同实验处理条件下被试者惩罚点数均值对比

实验处理条件	由谁提名	是否与A同组	方案1	方案2	方案3	方案4	方案5	方案6
1	A	否	1	3	4	6	8	11
2	B	否	3	8	12	15	20	22
3	A	是	0	1	2	2	4	3
4	B	是	2	6	9	11	13	11

总的来看，惩罚点数会随着方案不均等程度的升高而增加。如表 7－7 所示，不同实验处理条件对被试者惩罚点数平均值的影响呈现如下模式：一方面，2 组与 4 组分别明显地高于 1 组和 3 组，这表明惩罚者由谁来提名能够影响监督者的监督水平；另一方面，3 组和 4 组的惩罚点数均值分别低于 1 组和 2 组，这表明惩罚者与被监督者同组能够消极影响监督水平。

以被试者各个方案的不同实验处理条件下的惩罚值为因变量，以提名方式与以组别区分的独立性变量为自变量，对实验结果进行方差分析，表 7－8 结果显示，提名方式对被试者 C 在所有分配方案下惩罚决策影响的主效应在统计上非常显著（例如，方案 1 下 F 值 = 17.685，$p < 0.000$），独立性对被试者 C 决策影响的主效应在方案 2 至方案 6 的 8 种情况下均是统计上显著的（如方案 2 下 F 值 = 5.091，$p = 0.026$），但是，提名方式与独立性的交互效应不显著。

表 7 – 8　　　　　　　　　　　　　因素方差分析结果

变异来源	方案	平方和	自由度	均方	F 值	p 值
提名方式	方案 1	152. 9643	1	152. 9643	17. 68543	0. 000
	方案 2	614. 8574	1	614. 8574	30. 7557	0. 000
	方案 3	1322. 126	1	1322. 126	43. 18753	0. 000
	方案 4	2321. 39	1	2321. 39	49. 58834	0. 000
	方案 5	3169. 411	1	3169. 411	40. 64108	0. 000
	方案 6	2639. 813	1	2639. 813	25. 7207	0. 000
独立性	方案 1	15. 60464	1	15. 60464	1. 804177	0. 182
	方案 2	101. 7847	1	101. 7847	5. 09136	0. 026
	方案 3	193. 6891	1	193. 6891	6. 326895	0. 013
	方案 4	373. 8466	1	373. 8466	7. 985918	0. 006
	方案 5	931. 5991	1	931. 5991	11. 94582	0. 001
	方案 6	2374. 494	1	2374. 494	23. 13559	0. 000
提名方式 × 独立性	方案 1	0. 007217	1	0. 007217	0. 000834	0. 977
	方案 2	3. 410238	1	3. 410238	0. 170583	0. 680
	方案 3	0. 142711	1	0. 142711	0. 004662	0. 946
	方案 4	3. 036285	1	3. 036285	0. 06486	0. 799
	方案 5	70. 06664	1	70. 06664	0. 898459	0. 345
	方案 6	86. 6716	1	86. 6716	0. 844474	0. 360

图 7 – 1 展示了在提名方式与独立性变量不同设置条件下被试者 C 对 A 的分配方案一的惩罚点数决策。尽管惩罚点数普遍在 10 点以下，但是，图中线段呈现出近似平行并倾斜的模式。可以发现，在由 B 提名时的惩罚点数高于由 A 提名时，无论提名方式如何，C 与 A 同组都会促使被试者 C 的惩罚点数少于无组别时。

图 7 – 2 则展示了在提名方式与独立性变量不同设置条件下被试者 C 对 A 的极端不均等分配的惩罚点数决策，直观呈现了方差分析结果。

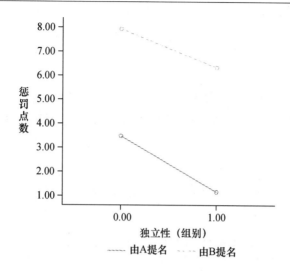

图 7 - 1　方案一下提名方式与形式独立对惩罚点数的影响

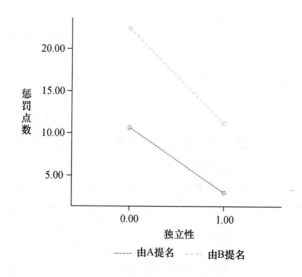

图 7 - 2　方案六下提名方式与形式独立对惩罚点数的影响

第三节　罢免方式与独立性影响的
外部有效性检验

检验外部有效性的第三个实验也有两个观测因素，分别是由谁（A

或 B）来罢免 C 以及是否与 A 同组。因此，双因素组合形成四个实验处理条件。实验被试者共有人，采用被试者间实验设计，1—4 组各组人数分别为 21 人、28 人、19 人、24 人。

　　总体上看，惩罚点数会随着方案的不均等程度升高而增加。如表 7 - 9 所示，不同实验处理条件下惩罚点数的平均值呈现出一些模式，一方面，2 组与 4 组分别明显地高于 1 组和 3 组，这表明惩罚者由谁来罢免能够影响监督者的监督水平；另一方面，3 组和 4 组的惩罚点数均值分别与 1 组和 2 组相当，这表明惩罚者与被监督者同组在罢免因素存在的情况下对监督水平的影响并不明显。

表 7 - 9　　　　　　不同实验处理条件下被试者惩罚点数均值对比

实验处理条件	由谁罢免	是否与A同组	方案1	方案2	方案3	方案4	方案5	方案6
1	A	否	1	2	4	6	7	9
2	B	否	5	10	14	19	23	25
3	A	是	1	2	3	4	5	5
4	B	是	2	7	14	19	23	24

　　以被试者各个方案的不同实验处理条件下的惩罚值为因变量，以罢免方式及以组别区分的独立性为自变量，对实验结果进行方差分析，表 7 - 10 结果显示，罢免方式在所有方案下的主效应在统计上均是非常显著的（例如，方案 2 下 F 值 = 56.778，$p < 0.000$），然而，独立性的主效应在 6 种分配方案情况下均是统计上不显著的，提名方式与独立性的交互效应也不显著。

表 7 - 10　　　　　　方差分析结果

变异来源	方案	平方和	自由度	均方	F 值	P 值
罢免方式	方案1	160.904	1.000	160.904	9.704	0.002
	方案2	1111.620	1.000	1111.620	56.778	0.000
	方案3	2538.233	1.000	2538.233	94.750	0.000
	方案4	4644.220	1.000	4644.220	117.832	0.000
	方案5	6552.783	1.000	6552.783	125.685	0.000
	方案6	7072.219	1.000	7072.219	72.989	0.000

续表

变异来源	方案	平方和	自由度	均方	F 值	p 值
独立性	方案 1	30.675	1.000	30.675	1.850	0.177
	方案 2	48.427	1.000	48.427	2.474	0.119
	方案 3	1.810	1.000	1.810	0.068	0.796
	方案 4	10.307	1.000	10.307	0.262	0.610
	方案 5	31.864	1.000	31.864	0.611	0.436
	方案 6	141.589	1.000	141.589	1.461	0.230
罢免方式×独立性	方案 1	57.699	1.000	57.699	3.480	0.065
	方案 2	31.797	1.000	31.797	1.624	0.206
	方案 3	0.032	1.000	0.032	0.001	0.972
	方案 4	12.398	1.000	12.398	0.315	0.576
	方案 5	20.898	1.000	20.898	0.401	0.528
	方案 6	36.287	1.000	36.287	0.375	0.542

第四节　真实货币支付条件下的实验外部有效性检验

实验四采用小样本及真实货币支付方式，目的是对之前实验的外部有效性进行检验。对于实验币与真实货币支付的兑换比例，这个实验中有两种等级，分别为 1 点等于 1 元人民币及 1 点等于 2 元人民币。实验被试均为大连某高校的研究生，此前没有参加经济学实验的经历。在检验支付规模对被试决策的影响时，采用被试者间实验设计。而在相同货币兑换比例条件下，检验不同实验处理条件对被试决策所产生的影响时采用被试者内实验设计。实验处理条件 1—4 分别为实质独立、实质独立同时由 A 提名 C、实质独立同时由 B 提名 C 和形式独立。

如表 7 – 11 所示，除了实验处理条件 3 之外，在条件 1、条件 2 和条件 4 下，货币支付兑换比例等级高时，被试者 C 对 A 的各个分配方案均惩罚减少。这表明因为惩罚需要成本，因此，随着支付规模的提高，这种监督成本加大，积极监督的激励被减弱。

从实验结果（见表 7 - 11）还可以发现，无论货币兑换比例如何，4
种实验情境的影响有所差别，即对分配方案 2—6，实验处理条件 3 都会
显著高于其他 3 种情况。这表明实质独立时，独立董事由 B 提名能够提
高积极监督的激励，并且，这种激励并没有随监督成本的提高而减弱。

表 7 - 11   不同支付等级以及不同实验处理条件下惩罚点数均值对比

货币支付兑换比例	实验处理条件	方案一	方案二	方案三	方案四	方案五	方案六
1	1	1	3	5	8	10	12
1	2	3	4	6	8	11	6
1	3	1	5	8	12	18	20
1	4	1	4	5	7	8	12
2	1	0	1	1	1	1	7
2	2	0	0	1	1	1	3
2	3	1	6	9	11	15	17
2	4	0	0	0	0	0	0

小　　结

本章报告了四个后续实验的研究结果。这些实验采用了新的样本、与
之前不同的支付方式或不同统计分析方法。但是，从总体上看，这些实验
结果都得到了与之前实验结果大体一致的研究发现，这支持了本书实验设
计的有效性及可信度。

第八章 中国独立董事监督机制设计 改进的建议及研究展望

第一节 研究结论

本书在社会偏好理论、经济激励理论、行为经济学和心理学相关理论基础上，从理论上对任免机制等相关因素影响中国独立董事的监督作用进行了分析，并构建了一个关于任免机制、独立性与竞争对独立董事监督作用影响的理论模型，通过多个实验对理论分析提出的相关假设和预测进行了检验和分析。结果发现，利他惩罚是声誉机制失效条件下独立董事监督的内在激励，并且，提名方式、独立性因素、解任或罢免方式和竞聘机制能够对独立董事的监督作用产生重要影响。一些任免方式的影响更强，而另一些因素的影响相对较弱，一些任免方式的设计能够挤出独立董事基于利他惩罚激励的监督行为，并且，各因素之间的相互影响也是显著的。

利他惩罚激励、提名方式、实质独立或形式独立、解任方式以及竞争因素对独立董事的监督作用产生影响。

一 独立董事监督的利他惩罚激励

现有观点认为，声誉是独立董事监督的理论基础。本书认为，社会偏好亦是独立董事实施监督的理论基础。在纳入社会偏好的最新效用模型基础上，本书从理论上分析了利他惩罚偏好是中国声誉等外部机制不完备条件下独立董事监督的内在激励。

在理论假设基础上，通过实验部分，本书还检验和分析了利他惩罚激励及文化对独立董事监督作用产生的影响。

实验结果表明，在排除其他因素影响条件下，利他惩罚能够激励独立董事进行积极监督，而文化对此行为的影响不大。实验结果也显示，这种偏好很容易受经济激励等其他因素影响，致使这种偏好对独立董事监督产生的积极影响被挤出。

二 提名方式对独立董事监督作用的影响

理论上，提名方式通过互惠偏好对声誉等机制不完备条件下独立董事监督的内在激励产生影响。

实验分析结果表明，大股东或总经理提名还是中小股东提名独立董事对独立董事监督公司内部人具有显著影响。当大股东或总经理即被监督者具有提名权时，独立董事对被监督者的监督作用减弱；而当小股东提名独立董事时，其监督作用与无其他因素条件下由于单纯的利他惩罚偏好而出现有效监督无显著差异。这些结果表明，大股东或总经理完全主导独立董事任选过程的危害性，此外，进一步提高中小股东对提名独立董事过程影响力的相关政策法规的出台也值得尝试。

三 独立性（组别）对独立董事监督作用的影响

理论上，本书运用社会同一性（组别）理论分析了非实质独立对独立董事监督所产生的消极影响，并通过实验检验了这种预测关系的理论基础是否合理、有效。

实验结果显示，形式独立通过组别因素的作用促使第三方监督者的非独立性产生，能够对独立董事监督博弈中独立董事的惩罚激励产生显著的消极影响。具体而言，当独立董事监督博弈中的局中人 A（内部人）与 C（独立董事）具有同组关系（非实质独立）时，这一条件显著降低了独立董事的积极监督的激励及惩罚水平。因此，在实质独立性不能保证的情况下，独立董事的监督作用受到了极大挑战。

四 罢免方式对独立董事监督作用的影响

在激励理论和行为经济学前景理论基础上，本书分析了解任方式通过损失规避偏好和策略考虑对独立董事监督所产生的影响。

从实验分析中可以发现，尽管形式独立会挤出独立董事基于利他偏好进行监督的激励，然而，解任方式是一个能对独立董事监督作用产生更强影响的因素。当拥有利益分配权的局中人 A（内部人）拥有解任或罢免 C（独立董事）权力时，这一条件会显著降低 C 对 A 的监督及惩罚水平，但当 B（小股东）拥有罢免 C（独立董事）权力时，这一解任方式能够最大限度地减轻非实质独立对监督所产生的消极影响。

　　因此，解任方式对独立董事监督作用的影响更为重要，解任方式能够减弱独立董事不独立对其监督作用产生的消极影响。

　　五　竞争对独立董事监督作用的影响

　　通常情况下，竞争对经济的意义都是积极的。本书在理论上分析了竞争对任免机制设计不当条件下独立董事监督作用所产生的消极影响。

　　本书的实验分析表明，独立董事监督博弈中，提名方式对独立董事监督作用产生消极影响情况下，加大竞争并不能激励独立董事积极监督。因此，当独立董事的提名和罢免过程都受到被监督者（大股东或总经理）掌控时，促进独立董事间的竞争对于提高独立董事的监督作用并无积极作用，很可能产生相反作用。

　　六　任免机制对独立董事监督作用影响的性别差异

　　第六章研究发现，任免机制、独立性及竞争因素对男性与女性独立董事监督作用的影响存在显著差异。女性担任独立董事，实施积极监督和消极监督的比例可能都高于男性。并且，如果独立董事任免及相关机制设计不当，女性实施消极监督的比例更高。

　　但是研究结果也表明，在任免机制及其他辅助机制设计合理的情况下，女性独立董事实施有效监督者的比例显著高于男性，即这种情况下男性独立董事中消极监督者的比例更高。这些发现对任免机制等独立董事制度的设计、高管层的人力资源管理及推进董事会成员组成的性别非单一化（gender diversity）等方面都具有实践意义。

小　　结

　　无其他因素影响时，利他惩罚激励单独作用能够使没有经济激励的独立董事对公司内部人实施有效监督。当内部人拥有对独立董事的提名权时，这一条件能够使独立董事对内部人的监督减弱。当独立董事与内部人存在私人关系（同组关系）或独立董事更代表内部人利益，即实质独立性受到威胁时，会对独立董事监督激励产生显著的消极影响。尽管小股东对独立董事拥有提名权能够减弱独立董事与内部人同组关系产生的负面影响，然而，这一机制却不能完全消除这种消极作用。解任（或罢免）方式是一个更强的影响因素，当小股东同时拥有一定的对独立董事提名权和罢免权时，即使独立董事与内部人组别关系存在，这时这种消极影响也可以被降到最低。此外，如果内部人拥有对独立董事的提名权时，竞争机制的存在不能促进独立董事的积极监督激励；相反，可能带来机制设计之初未预料到的危害。

第二节　改进建议与研究展望

一　建议与对策

关于任免机制、独立性与竞争因素对中国独立董事监督作用影响的发现和结论对中国上市公司独立董事制度的完善和改革，尤其是任免机制的改革具有重要意义。

对于中国上市公司任免机制所导致的独立董事监督作用未能充分发挥的问题，很多学者提供了解决这一问题的不同思路。罗培新和毛玲玲（2001）探讨了独立董事如何选择的问题及可能的解决办法。[①] 李维安等（2004）认为，通过采取累积投票、委托投票等方法限制大股东的提名权限并建立有利于中小股东的投票机制，提高独立董事选聘机制的独立性，最终促进独立董事职能和作用的充分发挥。同时，进一步明确更严格的独立董事资格标准，除具备普通董事的任职资格外，还必须具备相关业务能力以及利害关系上的独立性和超脱性。在防止上市公司资金黑洞及规范上市公司关联交易等方面，李维安和谢永珍（2005）[②] 认为，应进一步改进和完善独立董事的提名、选聘机制，如限制或取消控股股东的提名权。陈艳（2008）对独立董事的激励问题进行考察，发现大股东对提名独立董事的干预影响了独立董事对中小股东利益的保护，因此陈艳提出，有必要进一步完善独立董事制度，关键是要改革独立董事的选聘机制。具体操作方法，既可以是累积投票制，也可以以政策手段单独赋予中小股东选聘独立董事的权力。[③]

针对结论中各因素影响效果，本书提出如下建议：

第一，改进大股东或总经理对独立董事提名的控制。实现对大股东董

①　罗培新、毛玲玲：《论独立董事制度》，《证券市场导报》2001 年第 2 期。
②　李维安、谢永珍：《独董制度效果初现》，《中国证券报》2005 年 6 月 22 日第 A14 版。
③　陈艳：《中国独立董事的声誉激励机制研究》，《经济体制改革》2008 年第 3 期。

事及总经理对独立董事提名权的限制这一专家学者多次提出的建议。

第二，进一步提高独立董事及董事会的实质独立性。

第三，降低提名独立董事候选人的中小股东持股比例，现行5%的比例仍然较高。应该通过公司法的修改进一步降低规定比例，使小股东拥有对提名独立董事的更大权力。

第四，进一步规范对独立董事解任或罢免权的规定，对罢免独立董事提案的持股比例也应相应降低，以便于小股东维权。同时，从法律上进一步规范罢免独立董事的程序，提高独立董事的实质独立性，保障中小股东的权益。

第五，增加女性董事。在任免机制改革基础上，适当合理增加女性独立董事的比例，减弱或消除高级管理层的天花板效应，减轻职场中的性别歧视，会对董事会监督作用的提高有所助益。

第六，改革独立董事任免机制各相关政策需要分步骤进行。首先，改革独立董事罢免方式及提名方式。其次，考虑提高独立董事和董事会的实质独立性等其他相关机制设计。最后，发达的董事人才市场及加大独立董事间的竞争等改革需要在有效的独立董事任免机制基础上大力推进。

二　研究展望

（一）研究局限

由于研究经费和其他客观条件的约束，本书的研究局限包括：

首先，本书两个实验的被试人数合计100人左右，然而，两个实验都只检验了独立董事监督博弈实验中独立董事（局中人C）的决策，没有检验独立董事任免机制对于公司内部人和中小股东决策的影响。

其次，本书实验部分招募的被试者均为大学本科学生及研究生，将学生被试的决策用于预测和检验实际公司环境中独立董事的决策和选择。学生被试者和经理决策无显著差异，但如果能够招募公司人员或公司高级管理人员进行相同实验，可以直接回答本书提出的一些质疑。

（二）后续研究方向

首先，本书研究的样本不够大，进一步的研究须增加样本量，提高样本代表性。

其次，计算机同步实验，检验充当独立董事监督实验中局中人A和C的角色如何决策。

最后，采用非学生被试样本重复进行本实验，并将实验结果与采用学生被试的实验结果进行对比、分析，进一步扩展对比学生与非学生决策的实验研究文献。

附录 实验总体说明

　　欢迎参加这个经济学实验。研究目的是探索不同机制下人们的选择及行为。从此实验中，你获得的收入取决于你的决策及其他人的决策，因此请仔细阅读说明。有几轮类似（但却不同）的决策，总体说明对每一轮都适用，各轮之间是独立的，总点数是各轮点数的累加。你在游戏中获得的全部收入在活动结束后以现金支付（兑换比率为 1 点 = 1 元）。实验过程中，所有人都不知道每轮结果。游戏保证完全匿名，请放心填写。谢谢！

　　实验中，A、B 和 C 三个角色为一个单元。三人各自的决策及互动规则将决定三人最终收入。

　　规则如下：开始，有 100 点将在 A 和 B 两人间进行分配，由 A 决定如何分配，即他自己和 B 各自得到多少点，满足 A + B = 100 点，A 将从 6 个选项（分配方案）中进行选择（六选一，见下表前 3 列）。A 的决策决定 B 的最终点数。

C 的决策表如下所示　（A 的决策表为前 3 列所示）

A 的选项	A 得到	B 得到	C 减少自己多少点 （使 A 减少 3x 点）	A、B 及 C 最终点数 （辅助理解及计算）
1	50	50	$x =$	$A = 50 - 3x$；$B = 50$；$C = 50 - x$
2	60	40	$x =$	$A = 60 - 3x$；$B = 40$；$C = 50 - x$
3	70	30	$x =$	$A = 70 - 3x$；$B = 30$；$C = 50 - x$
4	80	20	$x =$	$A = 80 - 3x$；$B = 20$；$C = 50 - x$
5	90	10	$x =$	$A = 90 - 3x$；$B = 10$；$C = 50 - x$
6	100	0	$x =$	$A = 100 - 3x$；$B = 0$；$C = 50 - x$

　　C 有 50 点。在不知道 A 的分配决策情况下，针对每一个 A 可能的选

择（每轮 6 个），C 逐一进行如下决策：C 拿出多少点（x）？使 A 减少 3 倍的点数（$3x$），即 C 的点数减少 1 点将使 A 减少 3 点。C 需要在上表填写第 4 列中 6 个 x 值，x 最小可以为 0。x 最大可以使 A 的点数等于 0，但不会为负。

游戏全部结束后，根据每一轮 A 的实际选择（每轮 1 个），使 C 事前对这个选项所做的决策生效。A 的选择和 C 的决策决定了 A 和 C 的最后所得。C 的最终所得为初始获得的 50 点减去他花费的点数 x（即 C = 50 − x。当 x = 0 时，C = 50）。而 A 的所得为：A 实际分给自己的点数减去 $3x$。

测　　试

1. 如果 C 对 6 个方案，都填写 x = 0，而 A 的实际选择为第二个方案，请填写这种情况下，A、B 及 C 三人分别得到多少：A =　　；B =　　；C =　　。

2. 如果 C 对第 1 项至第 6 项方案，C 使用的点数 x 依次分别为：0；5；5；5；10；15，而 A 的实际选择为第 6 个方案。请填写，这种情况下，A、B 及 C 三人分别得到多少：A =　　；B =　　；C =　　。

答案：1. A = 60；B = 40；C = 50

　　　2. A = 55；B = 0；C = 35

参考文献

中文文献

1. Anish Shah、Shyam Sunder：《董事激励与公司业绩——实验的证据》，《南开管理评论》2004 年第 7 期。

2. 蔡志岳、吴世农：《董事会特征影响上市公司违规行为的实证研究》，《南开管理评论》2007 年第 6 期。

3. 陈晓红、黄勇：《独立董事报酬水平和薪酬结构设计分析》，《证券市场导报》2006 年第 5 期。

4. 陈宏辉、贾生华：《信息获取、效率替代与董事会职能的改进——一个关于独立董事作用的假说性诠释及其应用》，《中国工业经济》2002 年第 2 期。

5. 陈艳：《中国独立董事的声誉激励机制研究》，《经济体制改革》2008 年第 3 期。

6. 陈叶烽、叶航：《基于相关实验的社会偏好理论综述》，2008 年 4 月 1 日，http：//www. icsszju. net/show_ hdr. php？xname =07K2911&dname =0TVDB11&xpos =115，2009 年 6 月 8 日。

7. 董志勇、黄必红：《行为经济学中的公平和互惠》，《经济理论与经济管理》2003 年第 11 期。

8. 范英杰：《独立董事制度的理性思考——基于道德的视角》，《会计研究》2006 年第 6 期。

9. 高玥：《独立董事任免机制对董事会监督作用影响分析》，《经济纵横》2009 年第 10 期。

10. 高雷、何少华、黄志忠：《公司治理与掏空》，《经济学》（季刊）2006 年第 3 期。

11. 高明华、马守莉：《独立董事制度与公司绩效关系的实证分析——兼论中国独立董事有效行权的制度环境》，《南开经济研究》2002 年第

2 期。

12. 郭强：《不完全契约与独立董事作用的本质及有效性分析——从传统法人治理结构的缺陷论起》，《管理世界》2003 年第 2 期。

13. 韩钢、李随成：《我国上市公司独立董事监督机制有效性研究》，《财经理论与实践》2011 年第 5 期。

14. 李明辉：《海峡两岸独立董事制度之比较》，《经济管理》2008 年第 3 期。

15. 李维安：《公司治理学》，高等教育出版社 2005 年版。

16. 南开大学公司治理研究中心评价课题组：《2008 年中国公司治理评价报告》。

17. 李维安、谢永珍等：《中国上市公司治理指数与治理绩效的实证分析》，《管理世界》2004 年第 2 期。

18. 李维安：《问责高管防堵资金黑洞》，《证券时报》2004 年 6 月 11 日。

19. 李维安、张国萍、谢永珍、唐跃军：《南开盘点三年独立董事制度的公司治理价值》，《中外管理》2004 年第 9 期。

20. 李维安、谢永珍：《独董制度效果初现》，《中国证券报》2005 年 6 月 22 日。

21. 刘鹤玲：《互惠利他主义的博弈论模型及其形而上学预设》，《自然辩证法通讯》1999 年第 6 期。

22. 刘少波：《控制权收益悖论与超控制权收益——对大股东侵害小股东利益的一个新的理论解释》，《经济研究》2007 年第 2 期。

23. 刘顺仁：《财报就像一本故事书》，山西人民出版社 2007 年版。

24. 罗培新、毛玲玲：《论独立董事制度》，《证券市场导报》2001 年第 2 期。

25. 蒲少平：《不公平待遇下投资 A 股必输，股民资产 14 年缩水 18％》，《北京娱乐信报》2004 年 11 月 22 日，http：//finance. sina. com. cn/stock/t/20041122/07471170167. shtml，2008 年 12 月 1 日。

26. 饶育蕾、张媛、彭叠峰：《股权比例、过度担保和隐蔽掏空——来自中国上市公司对子公司担保的证据》，《南开管理评论》2008 年第 11 期。

27. 邵少敏、吴沧澜：《国外独立董事研究》，《世界经济》2003 年第 4 期。

28. 申富平、韩巧艳、赵红梅：《上市公司独立董事选择和退出机制现状分析——以河北上市公司为例》，《经济与管理研究》2007年第5期。

29. 宋增基、宁家耀、张宗益：《董事会行为、公司治理与绩效：来自中国的经验证据》，《软科学》2008年第6期。

30. 谭劲松、李敏仪、黎文靖、郑珩、吴剑琳、梁羽：《中国上市公司独立董事制度若干特征分析》，《管理世界》2003年第9期。

31. 谭劲松：《独立董事"独立性"研究》，《中国工业经济》2003年第10期。

32. 唐方：《网上质疑毕非特的问题》，《信报》2009年4月27日。

33. 唐清泉、罗党论：《董事会效能、效率的实证分析——以深圳市场为例》，《经济管理》2005年第2期。

34. 唐清泉、张迪：《独立性与报酬、知识与信息，谁更重要——基于独立董事监督职能的问卷调查》，《当代经济管理》2005年第6期。

35. 唐清泉、罗党论、王莉：《上市公司独立董事辞职行为研究——基于前景理论的分析》，《南开管理评论》2006年第2期。

36. 唐清泉、罗党论：《设立独立董事的效果分析——来自中国上市公司独立董事的问卷调查》，《中国工业经济》2006年第1期。

37. 王兵：《独立董事监督了吗？——基于中国上市公司盈余质量的视角》，《金融研究》2007年第1期。

38. 王建刚、胡文龙：《独立董事在不同聘任和薪酬机制下的博弈分析》，《审计与经济研》2005年第7期。

39. 王跃堂、赵子夜、魏晓雁：《董事会的独立性是否影响公司绩效？》，《经济研究》2006年第5期。

40. 魏刚、肖泽忠、Nick Travlos、邹宏：《独立董事背景与公司经营绩效》，《经济研究》2007年第3期

41. 向锐：《财务独立董事、公司治理与经营业绩关系——基于中国民营上市公司面板数据的研究》，《经济经纬》2008年第4期。

42. 谢朝斌：《股份公司独立董事任免制度研究》，《河北法学》2004年第7期。

43. 谢德仁：《独立董事：代理问题之一部分》，《会计研究》2005年第2期。

44. 谢永珍：《公司治理评价中的独立董事评价指标体系设置研究》，《南

开管理评论》2003 年第 6 期。

45. 谢永珍：《中国上市公司董事会独立性指数及其实证观察》，《山东社会科学》2005 年第 6 期。

46. 徐冬林：《上市公司独立董事的声誉机制研究》，《中南财经政法大学学报》2005 年第 2 期。

47. 徐高彦：《独立董事独立性、关联交易与公司价值——基于沪深两市上市公司的经验证据》，《审计与经济研究》2011 年第 4 期。

48. 阎达五、谭劲松：《中国上市公司独立董事制度：缺陷与改进——一个基于制度分析的研究框架》，《会计研究》2003 年第 11 期。

49. 阎云翔：《礼物的流动》，上海人民出版社 2000 年版。

50. 杨洪常：《美国公司外部董事薪酬结构变更及其启示》，《南京财经大学学报》2005 年第 6 期。

51. 杨丽云：《人类学互惠理论谱系研究》，《广西民族研究（南宁）》2003 年第 4 期。

52. 姚伟峰：《独立董事制度，真的有效吗？——基于上市公司行业数据的实证研究》，《管理评论》2011 年第 10 期。

53. 叶航：《利他行为的生物学和经济学解释》，《经济学人》2005 年第 3 期。

54. 叶航、汪丁丁、罗卫东：《作为内生偏好的利他行为及其经济学意义》，《经济研究》2005 年第 8 期。

55. 叶康涛、陆正飞、张志华：《独立董事能否抑制大股东的"掏空"？》，《经济研究》2007 年第 4 期。

56. 于东智：《董事会、公司治理与绩效——对中国上市公司的经验分析》，《中国社会科学》2003 年第 3 期。

57. 张光荣、曾勇：《大股东的支撑行为与隧道行为——基于托普软件的案例研究》，《管理世界》2006 年第 8 期。

58. 张祥建、郭岚：《盈余管理与控制性大股东的"隧道行为"——来自配股公司的证据》，《南开经济研究》2007 年第 6 期。

59. 张维迎：《博弈论与信息经济学》，上海人民出版社 2000 年版。

60. 支晓强、童盼：《盈余管理、控制权转移与独立董事变更——兼论独立董事治理作用的发挥》，《管理世界》2005 年第 11 期。

61. 朱澜平：《独立性：独立董事立身之本》，《中国证券报》2002 年 1 月

28 日。

62. 朱庆:《费农·史密斯与实验经济学》,《外国经济与管理》2002 年第 11 期。

英文文献

63. Alexander D. Richard, *The Biology of Moral Systems*, New York: Aldine de Gruyter, 1987.

64. Andleoni James, and Vesterlund Lisa, "Which is the Fair Sex? Gender Differences in Altruism". *Quaterly Journal of Economics*, Vol. 116, No. 1, Feburary 2001.

65. Beasley, Mark S. , "An Empirical Analysis of the Relation between the Board of Director Composition and Financial Statement Fraud". *The Accounting Review*, Vol. 71, No. 4, October 1996.

66. Bebchuk Lucian, "The Case for Shareholder Access to the Ballot", *The Business Lawyer*, Vol. 59, No. 1, November 2003.

67. Becker, G. , *The Economics of Discrimination*. Chicago: University of Chicago Press, 1957.

68. Berle, A. , and Means, G. , *The Modern Corporation and Private Property*. New York: The Commerce Clearing House, 1932.

69. Bernasek, Alexandra, and Stephanie Shwiff, "Gender, Risk, and Retirement", *Journal of Economic Issues*, Vol. 35, No. 2, 2001.

70. Bhagat, S. , and Black, B. , "The Uncertain Relationship between Board Composition and Firm Performance". *Business Lawyer*, Vol. 54, No. 3, May 1999.

71. Bhagat, S. , and B. Black, "Board Independence and Long – term Performance". University of Colorado Working Paper, 2000.

72. Bhagat, S. , and Black, B. , "The Non – Correlation between Board Independence and Long Term Firm Performance". *Journal of Corporation Law*, Vol. 27, No. 2, Winter 2002.

73. Bhojraj Sanjeev and Sengupta Partha, "The Association between Outside Directors, Institutional Investors and the Properties of Management Earnings Forecasts". *Journal of Accounting Research*, Vol. 43, No. 3, June 2005.

74. Billig, M. , and Tajfel, H. , "Social Categorization and Similarity in Intergroup Behavior". *EuropeanJournal of Social Psychology*, Vol. 3, No. 1, January/March 1973.

75. Blair, M. M. , and Stout, L. A. , "Trust, Trustworthiness, and the Behavioral Foundations of Corporate Law". *University of Pennsylvania Law Review*, Vol. 149, No. 6, November 2001.

76. Bolton Gary and Katok Elena, "An Experimental Test of Gender Difference in Beneficent Behavior". *Economic Letter*, Vol. 48, No. 3 - 4, June 1995.

77. Booth, James R. and Deli, Daniel N. , "On Executives of Financial Institutions as Outside Directors". *Journal of Corporate Finance*, Vol. 5, No. 3, September 1999.

78. Bowles, Samuel and Gintis, Herbert, "The Evolution of Strong Reciprocity: Cooperation in Heterogeneous Populations". *Theoretical Population Biology*, Vol. 65, No. 1, Feburary 2004.

79. Boyd, R. , Gintis, H. , Bowles, S. , and Richerson, P. J. , "Evolution of Altruistic Punishment", *Proceedings of the National Academy of Sciences of the United States of America*, Vol. 100, No. 6, March 2003.

80. Brandts, J. , Saijo, T. , and Schram, A. , "How Universal is Behavior? A Four Country Comparison of Spite and Cooperation in Voluntary Contribution Mechanisms". *Public Choice*, Vol. 119, No. 3 - 4, 2004.

81. Brewer, M. B. , "Ethnocentrism and its Role in Interpersonal Trust", In Brewer, M. B. , Collins, B. eds. , *Scientific Inquiry in the Social Science*, San Francisco, CA: Jossey - Bass, 1981.

82. Brewer, M. B. , "Ingroup Bias in the Minimal Intergroup Situation: A Cognitive Motivational Analysis". *Psychological Bulletin*, Vol. 86, No. 2, March 1979.

83. Brickley, J. , Coles, J. and Linck, J. , "What Happens To CEOs After They Retire? New Evidence on Career Concerns, Horizon Problems and CEO Incentives". *Journal of Financial Economics*, Vol. 52, No. 3, June 1999.

84. Brown - Kruse, Jamie and David Hummels, "Gender Effects in Laboratory Public Goods Contribution". *Journal of Economic Behavior and Organiza-*

tion, Vol. 22, No. 3, December 1993.

85. Buchan, N. R., Croson, R. T. A., and E. J. Johnson, "Understanding What's Fair: Contrasting Perceptions of Fairness in Ultimatum Bargaining in Japan and the United States", Discussion paper of University of Wisconsin, 1999.

86. Burnstein, E., Crandall, C., and Kitayama, S., "Some Neo – Darwinian Decision Rules for Altruism: Weighing Cues for Inclusive Fitness as a Fuction of Biological Importance of Decision". *Journal of personality and social Psychology*, Vol. 67, No. 5, November 1994.

87. Cadsby C. Bram, and Maynes Elizabeth, "Laboratory Experiments in Corporate and Investment Finance: A Survey". *Managerial and Decision Economics*, Vol. 71, No. 4, 1998.

88. Camerer, F., *Behavioral Game Theory: Experiments in Strategic Interaction*, Princeton: Princeton University Press, 2003.

89. Cameron Graham, "Accountability and Independence in Corporate Governance: A Structuration Perspective on Board Disclosure", Working Paper, 2003.

90. Carcello, Joseph V., Neal, Terry L., Palmrose Zoe – Vonna and Scholz Susan, "CEO Involvement in Selecting Board Members and Audit Committee Effectiveness", SSRN Working Paper, August 2006.

91. Chow, C. and Haddad, K., "Relative Performance Evaluation and Risk Taking in Delegated Investment Decisions". *Decision Sciences*, Vol. 22, No. 3, July 1991.

92. Choy, K. Amy and King R. Ronald, "An Experimental Investigation of Trust and Justice: Implications for Corporate Governance", Working Paper, 2006.

93. Clarke Thomas, "The Contribution of Non – executive Directors to the Effectiveness of Corporate Governance". *Career Development International*, Vol. 3, No. 3, 1998.

94. Clutton – Brock, T. H. and Parker, G. A., "Punishment in Animal Societies", *Nature*, Vol. 373, No. 6511, January 1995.

95. Cotter F. James, Shivdasani Anil and Zenner Marc, "Do Independent Di-

rectors Enhance Target Shareholder Wealth during Tender Offers?", *Journal of Financial Economics*, Vol. 43, No. 2, Feburary 1997.

96. Couch, J. F., Shughart Ⅱ, W. F., and Williams, A. L., "Private School Enrollment and Public School Performance". *Public Choice*, Vol. 76, No. 4, August 1993.

97. Croson Rachel and Gneezy Uni, "Gender Differences in Preferences". *Journal of Economic Literature*, Vol. 47, No. 2, June 2009.

98. Dahya Jay and McConnell J. John, "Outside Directors and Corporate Board Decisions". *Journal of Corporate Finance*, Vol. 11, No. 1 – 2, March 2005.

99. Daly, M. and Wilson, M. I., "Evolutionary Social Psychology and Family Homicide". *Science*, Vol. 242, No. 4878, October 2004.

100. De Quervain, Dominique, J. – F., Fischbacher Urs, Fehr Ernst, and et al., "The Neural Basis of Altruistic Punishment". *Science*, Vol. 305, 2004, p. 1254.

101. Dee, T. S., "Competition and the quality of public schools". *Economics of Education Review*, Vol. 17, No. 4, October 1998.

102. Eckel, Catherine C. and Philip Grossman, "Chivalry and Solidarity in Ultimatum Games". *Economic Inquiry*, Vol. 39, No. 2, April 2001.

103. Eckel, Catherine C., and Philip Grossman, "Are Women Less Sel. sh than Men? Evidence from Dictator Experiments". *Economic Journal*, Vol. 107, No. 442, May 1997.

104. Eckel, Catherine C., and Philip J. Grossman, "Forecasting Risk Attitudes: An Experimental Study Using Actual and Forecast Gamble Choices". *Journal of Economic Behavior and Organization*, Vol. 68, No. 1, October 2008.

105. Engelmann Dirk and Fischbacher Urs, "Indirect Reciprocity and Strategic Reputation Building in an Experimental Helping Game". *Games and Economic Behavior*, Vol. 67, No. 2, November 2009.

106. Falk, A., and Fischbacher, U., "A Theory of Reciprocity", *Games and Economic Behavior*, Vol. 54, No. 2, Feburary 2006.

107. Fama Eugene, "Agency Problems and the Theory of the Firm". *The Jour-

nal of Political Economy, Vol. 88, No. 2, April 1980.

108. Fama Eugene & Jensen Michael, "Agency problems and residual claims". *The Journal of Law and Economics*, Vol. 26, No. 2, June 1983.

109. Farber B. David, "Restoring Trust after Fraud: Does Corporate Governance Matter?". *The Accounting Review*, Vol. 80, No. 2, April 2005.

110. Fehr, E., and Schmidt, K. M., "A Theory of Fairness, Competition, and Cooperation". *Quarterly journal of Economics*, Vol. 114, No. 3, August 1999.

111. Fehr, E. and Fischbacher, U., "The Nature of Human Altruism". *Nature*, Vol. 425, No. 23, October 2003.

112. Fehr, E. and Gaechter, S., "Altruistic Punishment in Humans". *Nature*, Vol. 415, No. 6868, January 2002.

113. Fehr, E. and Fischbacher, U., "Third – party Punishment and Social Norms". *Evolution & Human Behavior*, Vol. 25, No. 2, 2004.

114. Ferris P. Stephen and Yan Xuemin, "Do Independent Directors and Chairmen Matter? The Role of Boards of Directors in Mutual Fund Governance. *Journal of Corporate Finance*, Vol. 13, No. 2 – 3, June 2007.

115. Fich M. Eliezer, Shivdasani Anil, "The Impact of Stock – Option Compensation for Outside Directors on Firm Value". *Journal of Business*, Vol. 78, No. 6, December 2005.

116. Flexner, A., "Is Social Work a Profession?". *Proceedings of the National Conference of Charities and Correction*, 42nd *Annual Meeting*, Baltimore, May 1915.

117. Fudenberg, D. and Tirole, J., *Game Theory*. Cambridge, Massachusetts: MIT Press, 1991.

118. Gaertner Lowell and Insko Chester, "Intergroup Discrimination in the Minimal Group Paradigm: Categorization, Reciprocation, or Fear?". *Journal of Personality and Social Psychology*, Vol. 79, No. 1, July 2000.

119. Gaertner, L., and Schopler, J., "Perceived Ingroup Entitativity and Intergroup Bias: An Interconnection of Self and Others". *European Joural of Social Psychology*, Vol. 28, No. 6, November 1998.

120. Gao, Y., "A Study of Fairness Judgments in China, Switzerland and

Canada: Do Culture, Being a Student and Gender Matter?". *Judgment and Decision Making*, Vol. 3, No. 4, 2009.

121. Gersbach, Hans, "Competition of Politicians for Incentive Contracts and Elections". *Public Choice*, Vol. 121, No. 1 - 2, 2004.

122. Gersbach, Hans, "Incentive Contracts for Politicians and the Down - Up Problem" in M. Sertel and S. Koray eds. *Advances in Economic Design*, Berlin: Springer, 2003.

123. Gersbach Hans and Liessem Verena, "Incentive Contracts and Elections for Politicians with Multi - Task Problems". *Journal of Economic Behavior and Organization*, Vol. 68, No. 2, November 2008.

124. Gillette B. Ann, Noe H. Thomas, and Rebello J. Michael, "Corporate Board Composition, Protocols, and Voting Behavior: Experimental Evidence". *Journal of Finance*, Vol. 58, No. 5, 2003.

125. Gneezy, Uri, Muriel Niederle and Aldo Rustichini, "Performance in Competitive Environments: Gender Differences". *Quarterly Journal of Economics*, Vol. 118, No. 3, August 2003.

126. Gneezy, Uri, and Aldo Rustichini, "Gender and Competition at a Young Age". *American Economic Review*, Vol. 94, No. 2, 2004.

127. González Maximiliano, Modernell Renato and Paris Elisa, "Herding Behaviour Inside the Board: An Experimental Approach". *Corporate Governance: An Internatinal Review*, Vol. 14, No. 5, September 2006.

128. Grosskopf, S., Hayes, K. J., Taylor, L. L., and W. L. Weber, "Allocative Inefficiency and School Competition". *Proceedings of the 91st Annual Conference on Taxation*, Washington D. C. : National Tax Association, 1999.

129. Gueth Werner, Levati Vittoria and Ploner Matteo, "Social Identity and Trust - An Experimental Investigation". *The Journal of Socio - Economics*, Vol. 37, No. 4, August 2008.

130. Gul A Ferdinand. and Leung Sidney, "Board Leadership, Outside Directors' Expertise and Voluntary Corporate Disclosures". *Journal of Accounting and Public Policy*, Vol. 23, No. 5, September - October 2004.

131. Hamdani Assaf and Kraakman Reinier, "Rewarding Outside Directors". *Michigan Law Review*, Vol. 105, No. 8, June 2007.

132. Hamilton, W. D. , "The Evolution of Altruistic Behaviour". *American Naturalist*, *Vol. 97*, *No. 896*, *1963*.

133. Hamilton, W. D. , "Genetical Evolution of Social Behavior". *Journal of Theoretical Biology*, Vol. 7, No. 1, July 1964.

134. Harbaugh, William T. , "The Prestige Motive for Making Charitable Transfers". *American Economic Review*, Vol. 88, No. 2, 1998.

135. Henrich, J. , "Does Culture Matter in Economic Behavior? Ultimatum Game Bargaining among the Machiguenga of the Peruvian Amazon". *American Economic Review*, Vol. 90, No. 4, September 2000.

136. Henrich, J. and Gil – White, F. , "The Evolution of Prestige: Freely Conferred Ceference Mechanism for Enhancing the Benefits of Cultural Transmission". *Evolution and Human Behavior*, Vol. 22, No. 3, May 2001.

137. Henrich, J. , Boyd, R. , Bowles, S. , Camerer, C. , Fehr, E. , Gintis, H. and McElreath, R. , "In search of homo economicus: Behavioral Experiments in 15 Small – Scale societies". *American Economic Review*, Vol. 91, No. 2, May 2001.

138. Hermalin, B. , and M. Weisbach, "The Effects of Board Composition and Direct Incentives on Firm Performance". *Financial Management*, Vol. 20, No. 4, Winter 1991.

139. Hermarlin, B. and Weisbach, M. , "Endogenously Chosen Boards of Directors and Their Monitoring of the CEO". *The American Economic Review*, Vol. 9, No. 4, April 1998.

140. Hermalin E, Benjamin, and Weisbach S. Michael, "Boards of Directors as an Endogenously Determined Institution: A Survey of the Economic Literature". *Economic Policy Review*, Vol. 9, No. 4, April 2003.

141. Holmstrom, B. , "Moral Hazard in Teams". *Bell Journal of Economics*, Vol. 13, No. 2, 1982.

142. Hoxby C. M. , "Do Private Schools Provide Competition for Public Schools?", NBER Working Paper No. 4978, 1994.

143. Kachelmeier, S. J. and M. Shehata, "Culture and Competition: A Laboratory Market Comparison between China and the West". *Journal of Eco-*

nomic Behavior & Organization, Vol. 19, No. 2, Feburary 1992.

144. Karen Ritchie, "Professionalism, Altruism and Overwork". *The Journal of Medicine and Philosophy*, Vol. 13, 1988, p. 447.

145. Kenneth, A., Borokhovich Robert, Parrino Teresa Trapani, "Outside Directors and CEO Selection". *Journal of Financial and Quantitative Analysis*, Vol. 31, No. 3, September 1996.

146. Klein, A., "Firm Performance and Board Committee Structure". *Journal of Law and Economics*, Vol. 41, No. 1, April 1998.

147. Korchmaros, J. D., and Kenny, D. A., "Emotional Closeness as a Mediator of the Effect of Genetic Relatedness on Altruism". *Psychological Science*, Vol. 12, No. 3, May 2001.

148. Kraekel Matthias, "Doping and Cheating in Contest – Like Situations", University of Bonn and IZA, Discussion Paper No. 2059, 2006.

149. Kramer W. Vicki, Konrad M. Alison, and Erkut Sumru, *Critical Mass on Corporate Boards: Why Three or More Women Enhance Governance*, Wellesley Centers for Women, Report No. WCW, 2006.

150. Kruger, D. J., "Evolution and altruism: Combining Psychological Mediators with naturally selected tendency", *Evolution and Human Behavior*, Vol. 24, No. 2, March 2003.

151. Kurzban, R., Tooby, J., and Cosmides, L., "Can Race Be Erased? Coalitional Computation and Social Categorization". *Proceedings of the National Academy of Sciencesof the United States of America*, Vol. 98, 2001, p. 15387.

152. Kurzban, R., and Leary, M. R., "Evolutionary Origins of Stigmatization, the Functions of Social Exclusion". *Psychological Bulletin*, Vol. 127, No. 2, March 2001.

153. Levine K David, "Modeling Altruism and Spitefulness in Experiments". *Review of Economic Dynamics*, Vol. 1, No. 3, July 1998.

154. Liberman, Linke, "The Effect of Social Category on Third Party Punishment". *Evolutionary Psychology*, Vol. 5, No. 2, 2007.

155. Lieberman, D., Tooby, J., and Cosmides, L., "The Architecture of Human Kin Detection". *Nature*, Vol. 445, No. 7129, Feburary 2007.

156. Lin Laura, The Effectiveness of Outside Directors as a Corporate Governance Mechanism: Theories and Evidence, *Northwestern University Law Review*, Vol. 90, 1996, p. 898.

157. Linn, Scott C. and Park Daniel, "Outside Director Compensation Policy and the Investment Opportunity Set". *Journal of Corporate Finance*, Vol. 11, No. 4, September 2005.

158. Lypny G., "An Experimental Study of Managerial Pay and Firm Hedging Decisions". *Journal of Risk and Insurance*, Vol. 60, No. 2, June 1993.

159. MacAvoy, P., S. Cantor, J. Dana, and S. Peck., "ALI Proposals for Increased Control of the Corporation by the Board of Directors: An Economic Analysis", in *Statement of the Business Roundtable on the American Law Institute's Proposed Principles of Corporate Governance and Structure: Restatement and Recommendation*, New York: Business Roundtable, 1983.

160. Main Brian, O'Reilly Charles and Wade James, "The CEO, the Board of Directors and Executive Compensation: Economic and Psychological Perspectives". *Industrial & Corporate Change*, Vol. 4, No. 2, 1995.

161. Maslow, A. H., "A Theory of Human Motivation". *Psychological Review*, Vol. 50, No. 4, July 1943.

162. McClelland David, *The Achievement Motive*. New York: Appleton – Century – Crofts, 1953.

163. McConvill James and Bagaric Mirko, "Why All Directors should be Shareholders in the Company: The Case Against 'Independence'". *Bond Law Review*, Vol. 16, No. 2, December 2004.

164. Mehran, H., "Executive Compensation Structure, Ownership, and Firm Performance". *Journal of Financial Economics*, Vol. 38, No. 2, June 1995.

165. Nowell, Clifford, and Sarah Tinkler, "The Influence of Gender in the Provision of a Public Good", *Journal of Economic Behavior and Organization*, Vol. 25, No. 1, September 1994.

166. Okada, A. and A. Riedl, "When Culture Does Not matter: Experimental Evidence from Coalition Formation Ultimatum Games in Austria and Japan", Tinbergen Institute Discussion Papers, 1999.

167. Oosterbeek Hessel, Sloof Randolph and Van de Kuilen Gijs, "Cultural

differences in ultimatum game experiments: Evidence from a meta – analysis". *Experimental Economics*, Vol. 7, No. 2, June 2004.

168. Peasnell, Ken V., Pope F. Peter, Young Steven, "Board Monitoring and Earnings Management: Do Outside Directors Influence Abnormal Accruals?". *Journal of Business Finance & Accounting*, Vol. 32, No. 7 – 8, September 2000.

169. Peng W. Mike, Trevor Buck and Igor Filatotchev, "Do Outside Directors and New Managers Help Improve Firm Performance? An Exploratory Study in Russian Privatization". *Journal of World Business*, Vol. 38, No. 4, November 2003.

170. Pennings, Paul and Hazan Reuven, "Democratizing Candidate Selection". *Party Polics*, Vol. 7, No. 3, May 2001.

171. Peters, H. E., Ünür, A. S., Clark, J. and Schulze, W. D., "Free – rideing and the Provision of Public Goods in the Family: A Laboratory Experiment". *International Economic Review*, Vol. 45, No. 1, Feburary 2004, 283 – 300.

172. Petrinovich, L., O'Neill, P., and Jorgensen, M., "An Empirical Study of Moral Intuitions: Toward an Evolutionary Ethics". *Journal of Personality and Social Psychology*, Vol. 64, No. 3, March 1993.

173. Prato, F., Sidanius, J., Stallworth, L. M., and Malle, B. F., "Social Dominance Orientation: A Personality Variable Predicting Social and Political Attitudes". *Journal of Personality and Social Psychology*, Vol. 67, No. 4, October 1994.

174. Rabbie, J. M. and Horwitz, M., "Arousal of Ingroup – outgroup Bias by a Chance Win or Loss". *Journal of Personality and Social Psychology*, Vol. 13, No. 3, November 1969.

175. Rabin, M., "Incorporating Fairness into Game Theory and Economics". *American Economic Review*, Vol. 83, No. 5, December 1993.

176. Richard L. Cruess, Sylvia R. Cruess and Sharon E. Johnston, "Professionalism: An Ideal to be Sustained". *The LANCET*, Vol. 356, No. 9224, July 2000.

177. Rita Kosnik, "Effects of Board Demography and Director Incentives on

Corporate Greenmail Decision". *Academy of Management Journal*, Vol. 33, No. 1, March 1990.

178. Ronald R. King, "An Experimental Investigation of Self – serving Biases in an Audit Trust Game: The Effect of Group Affiliation", *The Accounting Review*, Vol. 77, No. 2, April 2002.

179. Rose – Ackerman, S., *Redesigning the State to Fight Corruption*, *Public Policy for Private Sector*. World Bank, 1996.

180. Roth, A. E., Prasnikar, V., Okuno – Fujiware, M., and S. Zamir, "Bargaining and Market Behavior in Jerusalem, Ljubljana, Pittsburgh and Tokyo: An Experimental Study". *American Economic Review*, Vol. 81, No. 5, December 1991.

181. Rothstein, B., *Social Traps and the Problem of Trust*. Cambridge: Cambridge University Press, 2005.

182. Ryan Lori Verstegen and Ann K. Buchholtz, "Trust, Risk, and Shareholder Decision Making: An Investor Perspective on Corporate Governance". *Business Ethics Quarterly*, Vol. 11, No. 1, 2001.

183. Schopler, J., and Insko, C. A., "The Discontinuity Effect in Interpersonal and Intergroup Relations: Generality and Mediation", in W. Stroebe and M. Hewstong Eds. *European View of Social Psychology*, Vol. 3, England: Wiley, 1992.

184. Schotter, A. and Weigelt, K., "Behavioral Consequences of Corporate Incentives and Long – term Bonuses: An Experimental Study". *Management Science*, Vol. 38, No. 9, September 1992.

185. Schwieren Christiane and Weichselbaumer Doris, "Does Competition Enhance Performance or Cheating? A Laboratory Experiment". *Journal of Economic Psychology*, Vol. 31, No. 3, June 2010.

186. Shivdasani Anil and Yermack David, "CEO Involvement in the Selection of New Board Members: An Empirical Analysis". *The Journal of Finance*, Vol. 54, No. 5, October 1999.

187. Shleifer, Andrei, "Does Competition Destroy Ethical Behavior?". *American Economic Review*, Vol. 94, No. 2, 2004.

188. Shleifer Andrei and Vishny W. Robert, "A Survey of Corporate Govern-

ance". *The Journal of Finance*, Vol. 52, No. 2, June 1997.

189. Sidanius, J., Pratto, F., and Mitchell, M., "In – group Identification, Social Dominance Orientation, and Differential Intergroup Social Allocation". *Journal of Social Psychology*, Vol. 134, No. 2, 1994.

190. Silverstein J. Michael, and Sayre Kate, "The Female Economy". *Harvard Business Review*, No. 9, 2009, p. 46.

191. Sober, E., Wilson, D. S., *Unto Others: The Evolution and Psychology of Unselfish Behavior*. Cambridge, MA: Harvard University Press, 1998.

192. Sommers, S. R., and Ellsworth, P. C., "White Juror Bias: An Investigation of Racial Prejudice against Black Defendants in the American Courtroom". *Psychology, Public Policy, and Law*, Vol. 7, 2001, p. 201.

193. Tajfel, H., Billig, M., Bundy, R. P., and Flarnent, C., "Social Categorization and Intergroup Behaviour". *European Journal of Social Psychology*, Vol. 1, No. 2, April/June 1971.

194. Tajfel, H., and Billig, M., "Familiarity and Categorization in Intergroup Behavior". *Journal of Experimental Social Psychology*, Vol. 10, No. 2, March 1974.

195. Tajfel, H., and Turner, J. C. C., "The Social Identity Theory of Intergroup Behavior", in Worchel S. and Austin W. G. Eds. *Psychology of Intergroup Relations*, Chicago: Nelson – Hall, 1986.

196. Udueni Henri, "Power Dimensions in the Board and Outside Director Independence: Evidence from Large Industrial UK Firms". *Corporate Governance: An International Review*, Vol. 7, No. 1, January 1999.

197. Vafeas Nikos, "The Nature of Board Nominating Committees and Their Role in Corporate Governance". *Journal of Business Finance & Accounting*, Vol. 26, No. 1 – 2, January/March 1999.

198. Van den, Berghe L. A. A. and Baelden Tom, "The Complex Relation between Director Independence and Board Effectiveness". *Corporate Governance*, Vol. 5, 2005, p. 58.

199. Victor Vroom, *Work and motivation*. New York: John Wiley & Sons, Inc., 1964.

200. Wang Xiao – Lu, Shi Kan and Fan Hong Xia, "Psychological Mechanisms

of Investors in Chinese Stock Markets". *Journal of Economic Psychology*, Vol. 27, No. 6, December 2006.

201. Warnick, J., and Slonim, R., "Inferring Repeated – Game Strategies From Actions: Evidence From Trust Game Experiments". *Economic Theory*, Vol. 28, No. 3, August 2006.

202. Warther, V., "Board Effectiveness and Board Dissent: A Model of the Board's Relationship to Management and Shareholders". *Journal of Corporate Finance*, Vol. 4, No. 1, March 1998.

203. Webb David, Hong Kong's not so Independent Directors, 1999 – 04 – 20.

204. Westphal, James D. and Zajac, Edward J., "Defections from the Inner Circle: Social Exchange, Reciprocity, and the Diffusion of Board Independence in U. S. Corporations". *Administrative Science Quarterly*, Vol. 42, No. 1, March 1997.

205. Wilkinson, G., "Reciprocal Food Sharing in the Vampire Bat". *Nature*, Vol. 308, No. 5855, March 1984.

206. Yermack, David, "Good Timing: CEO Stock Option Awards and Company News Announcements". *Journal of Finance*, Vol. 52, No. 2, June 1997.

207. Zanzig, B. R., "Measuring the Impact of Competition in Local Government Education Markets on the Cognitive Achievement of Students". *Economics of Education Review*, Vol. 16, No. 4, October 1997.

后 记

在专著完成之际，我特别感谢我的两位导师，唐方方教授和李维安教授。感谢唐老师对于本书中实验设计部分的指导。感谢李老师对于本书写作过程中的指导和帮助。

感谢 Ernst Fehr 教授及其团队的其他老师、学生和访问学者对我在瑞士访学期间学习上的指导和帮助，这对本书中基础博弈模型的构建帮助很大。感谢李建标教授、程新生教授、袁庆宏教授等几位老师对本书早期初稿提出的帮助性建议。感谢师兄牛建波老师对于实验中加入控制变量等问题的建议，感谢师兄吴德胜老师和郝晨老师提出的建议。感谢姜潮洋对于本书主要实验及实验后测的调查研究的帮助和协助。感谢 Laura Bannwart、Etienne Ruedin、王博、许荔芬博士、李贤丰博士、杨震博士、王倩、安菲、陈丹等对于我书中的预实验、后续实验及相关调查所提供的各种帮助和支持。

我所在单位教育部人文社科重点研究基地——东北财经大学产业组织与企业组织研究中心给了我宽松的工作环境，特别感谢肖兴志老师、于左老师和吴绪亮老师对本书出版的支持和帮助。本书受到东北财经大学产业经济学特色重点学科资助，以及教育部人文社会科学研究青年基金项目资助，在此表示感谢。

感谢师兄宗计川博士、孙龙建学长、陈昊林、景烨杨、顿曰霞等，他（她）们的帮助对本书写作过程有所助益。感谢所有参加实验及相关调查的实验被试者及被调查者们。

最后要感谢我的父母和哥哥。他们的支持使我能够一直坚持学术研究，探索真理。

感谢中国社会科学出版社，特别感谢卢小生老师对本书出版的支持。

高 玥

2014 年 10 月于大连